맨드라미 붉은 마당을 맨발로

한혜영 시집

상상인 기획시선 7

맨드라미 붉은 마당을 맨발로

•본문 페이지에서 한 연이 첫 번째 행에서 시작될 때에는 〈 표기를 합니다.
•저자의 의도에 따라 작품의 보조 동사와 합성 명사는 띄어쓰기가 달라질 수 있습니다.

시인의 말

가시덤불 숲에는
해독할 수 없는 것들이 많았다

늙은 사슴은
길을 잃고 또 잃어버릴 뿐이었다

2024년 겨울
한혜영

차례

1부
나는 흰옷을 걸쳐본 지가 오래된 종려나무

부탁	19
나는 코끼리입니다	20
기린이란 이름으로	22
안개, 그 혼령	24
사바나 금강송	26
겨울을 잃고 나는	28
한 묶음의 연애	30
계단 세 개	32
반추	34
껍질	35
우엉	36
눈사람을 읽었다	38
비밀의 속성	40
불편한 진실	41
봄, 그 짧은 축제	42

2부
비가 상처를 세우면 내 마음에는 손톱자국이 깊어집니다

외줄 전선의 음표들	47
철사는 철사	48
죽음의 노하우	50
구름테일러	51
바다와 주름치마	52
짐승들	54
격랑	56
모래인간들	58
큐브게임	60
문득, 바람	62
비를 헤아리다	64
커서를 믿기로 합니다	66
우리교도들	67
부재중	68
필경사들	70

3부
휘어진 발톱과 달빛에 그을린 어린 늑대의 하울링

압화壓花	75
나비가면	76
푸른 세력들	78
시간이라는 새	80
가족과 가축	82
문득, 불러보는 혁명가	84
팝콘은 튄다	86
배려	88
자가 발효	90
선거는 끝나고	91
단정斷定을 거부하다	92
마지막 패션	94
서쪽이라는 종교	95
집중과 선택	96
문	98

4부
떠돌이는 데려오지도 못하고 얼룩무늬만 입양했으면서

그림자 수행원	103
시니컬한 색깔론	104
굴절의 기록	106
난감해서 쓰는 편지	107
What can I do?	108
검은 잠	110
위험한 습관	112
창문과 풍경들	114
화자 언니	116
때	117
거미의 천년야화	118
비행기들	120
길고도 짧은 눈싸움	122
사슴을 보다	124
폐허 전문가	126

해설 _ 환상과 현실의 조화 또는 균형   129
권 온(문학평론가)

1부

나는 흰옷을 걸쳐본 지가 오래된 종려나무

부탁

나는 어디에서 온 빗방울입니까
나뭇잎 발코니
허공이 조금은 막막하여
주저앉아
울었던 기억이 나는 듯도 합니다만,
어쩌자고 아직도
마르지 않고 태양을 견딘답니까
스스로를 깨뜨릴 수 없는
물방울을 위해
당신께서는 손가락을 빌려주십시오
닿는 순간 한 채의
눈물 누옥에 갇혀 있던 날개가
폐허를 털고
날아가는 것을 보게 될 것입니다

나는 코끼리입니다

나는 너무 많은 무덤을 가슴에 가지고 있습니다
하나하나 추모하는 일로 일생을 보내는 중,
무덤 하나 찾아가는 데 십 년이 걸리기도 합니다

꽃과 구름,
사막과 모래알로 무덤을 짓고
무덤을 부수는 일은 전생부터 나를 따라온 노동입니다

삶과 그리움은 모순일 때가 많아
사막의 우물도 무덤이어서 내 코는 성할 날이 없습니다
후각에도 상처를 입어
당신 기억에서 피 맛이 나기도 합니다

지상에서 가장 기다란
그걸로 못할 것이 없는 코를 갖고 있으면서도
몸이라는 육중한 감방에
갇혀 있는 스스로를 구하지는 못합니다
감방 입구의 파수꾼인

상아와 상아 사이로
가죽부대에 채울 일용할 양식을 구하는 일밖에는

나는 늘 푸름을 자랑하는
지긋지긋한 당신을 울창하게 만들 수도 있고
초토화할 수도 있습니다
4할밖에 당신을
소화시키지 못해 죄송스럽습니다만

나는 예나 지금이나 모순의 코끼리입니다

기린이란 이름으로

아주 오래전,
나는 동물원에 놀러 온 당신의 머리칼을 뜯은 적이 있습니다
심심하기도 했지만
펜스에 기대 사진을 찍고 있는 당신에게서 풍기던
알 수 없는 풀냄새에 끌린 것입니다

낮은 울타리 따위로
당신과 나의 경계를 짓고 싶어 했던
유난히 긴 목을 가진
나를 헤아리지 못한 동물원 측의 불찰도 있었지만요

아무도 몰랐어요 그들은 내가
사육사가 주는 사료 대신에 구름을 먹고 산다는 거
아카시아 숲은 까마득하게 멀었으니까요

나는 밤마다 아카시아나무를 우물거리는 꿈을 꾸었습니다
꽃과 이파리 속에 교묘하게 감추어 둔
가시를 먹는 일이란 묘한 통증과 함께 즐거움이 있었

지요

  아카시아 숲은 언제나 멀고
  혀가 닿을 수 있는 것은 구름밖에 없었습니다
  나는 내 목뼈를
  끄덕끄덕 밟아가며 천국까지 오를 작정을 했지요
  포유류의 일곱 계단으로는
  어림없다는 편견을 깨고 싶었습니다

  때때로 나를 곤란하게 만드는
  슬픔을 배출할 수 있는 긴 통로도 가지고 있었고요

  이제야 희미하던 기억이 돌아오고 있습니다
  당신에게서 맡은 것이 아카시아 향기였다는 거
  당신의 머리칼에 찔린 입술도 한꺼번에 이해가 되는군요
  키를 낮춘다고 낮췄으면서
  아직도 가시를 버리지 못하고 있는 당신

  다시 만난다면 영혼까지 깨끗하게 먹어드릴게요
  기린이란 이름으로

안개, 그 혼령

안개는 무슨 잘못으로
호수에 빠져 죽은 어미의 혼령입니까

물가를 서서히 걸어 나와
허기진 것들의 이름을 부르는 안개는
혀의 백태를 고통스러워하며 새벽을 헤맵니다

안개가 젖을 물려야 하는 것으로는
어떤 것들이 있겠습니까

물감 묻은 붓을 수통에 담갔을 때처럼
그에게서는 연민이 울컥거리고
품었다가 내놓은
돌멩이 하나하나에서는 맥박소리가 들립니다

물푸레나무는 다시금 울음을 배워
고요히 흐느낄 줄을 아는군요
달개비의 입술이 한층 파래진 것은
안개에게서 어미의 냄새를 맡은 까닭이겠습니다
〈

언제부터 입었는지 나달나달하게
닳은 옷 너머로 안개의 속살이 비칩니다
그의 발자국마다 하얀 피가
고였다가 걷히는 시간까지를
안개의 마음이라 부르며 조금은 놀라겠습니다
마음을 보여주는 것은 신의 영역이라서요

또 있군요
그림자를 녹다운시키는 능력,
덕분에 사나운 동물들의
이빨과 발톱이 당분간은 무용지물이 되겠습니다

사바나 금강송

 아프리카 사바나에서 걸어 다니는 금강송을 보았소 기하학적 무늬를 가진, 긴 목을 꼿꼿하게 세우고 초원을 떠도는,
 나무에게도 디아스포라가 있다는 거요 그렇지 않고서야 금강송의 무리가 그 머나먼 초원에서 발견될 턱이 없지 않겠소

 나무가 나무를 먹는 장면은 보편적이면서도 꽤나 고통스러운 은유였소 아카시아나무 거친 가시를 삼키는 금강송의 목구멍으로 쓰디쓴 사유가 올라왔을 테요
 어느 때는 달까지 먹어 치워 캄캄하게 저문 밤을 몇 년이나 헤매기도 했을 테요

 아프리카에서 발견된 금강송이 그런 것처럼 이처럼 험난한 정글에 발목이 잡힌 나도 자고 나면 한 뼘씩 목이 길어졌소 덕분에 까마득하게 높아져서 슬픈 눈을 함부로 들키지 않아 다행이지만,
 무기는커녕 장식용에 불과한 이마의 뿔 역시 마찬가지요
 〈

위기의 사파리에는 어김없이 사자가 어슬렁댔소 같은 방향으로 일제히 몰리는 기하학적 무늬는 끝을 모른다는 것이 정설이오
  얼마나 멀리까지 비극의 지경을 넓히려는 것인지 경중경중 달아나는 무리에게서 풍기는 짙은 소금냄새를 맡으며 중얼거렸소
  나는 금강송인가 기린인가, 하고

겨울을 잃고 나는

 나는 흰옷을 걸쳐본 지가 오래된 종려나무, 소금기에 푹 절여진 꼬리를 끌고 해안가를 어슬렁거려요 마음은 죽을 자리를 찾는 늙은 늑대 같기도 하고 조문을 다녀가는 시든 꽃 같기도 하고 찢어질 대로 찢어진 깃발 같기도 하고 그냥 아무것도 아닌 것 같기도 해요

 나만 그런 것은 아니에요 겨울을 잃은 것들은 다 그래서 혀가 포도나무 덩굴처럼 길어졌어요 살려면 닥치는 대로 생각을 잡고 올라야 해요 아니면 녹아서 줄줄 흐르니까 얼음조각처럼 잘생긴 배우도 예외가 아니어서 얼굴이 바닥에 질펀해요 뱀은 늘어질 대로 늘어진 혈관을 끌고 서늘한 굴을 찾아가지요

 저기서 시곗바늘을 휙휙 돌리는 여자! 아직도 홈쇼핑의 채널을 지키네요 세상엔 없는 계절을 파는, 소매가 긴 스웨터로 감춘다고 감췄지만 손가락을 보니 거미의 종족이에요 땀이라고는 흘릴 줄 모르는, 카펫 가게의 상인처럼 공중에 척척 펼쳐놓는 상술로 하룻밤에도 무성한 계절을 팔아치우지요
 〈

늙은 테이프처럼 늘어진 시간 속으로 예고 없는 눈보라가 휘날려요 영하라는 말은 춥디추웠던 옛 연인의 이름, 나는 그리움을 코트 깃처럼 세우고 무릎이 푹푹 빠지는 이름 속으로 들어가요 라라의 노래를 들으며 닥터 지바고처럼 눈이 빨개지면서

 눈보라 속에서 만났던, 네 개의 다리 중에서 겨울이 망가진 안락의자는 누가 쓰다가 버린 기호일까요 완벽하게 균형을 상실해 버린, 어떤 감동도 휴식도 줄 수 없는,
 저 그런데 말이에요 벽난로가 어떻게 생겼지요?

한 묶음의 연애

애인이 떠났다고요? 눈보라가 펄펄 날리는데

당신은 당황해서 책임소재를 따지려 들겠지만 그러한 일은 흘러간 시간을 낭비하는 일,
키스만을 좇던 사랑의 책임이 립스틱에 있는지 입술에 있는지를 규정지으려는 것과도 같습니다

나뭇잎 사이에서 산란하는 바람처럼 연애 감정은 자연 발생적이지요 환절기를 선호하고 전염성 열꽃처럼 옮겨붙기를 좋아하는,
물론 번번이 학습효과를 거부해왔던 당신은 이번 역시 몇 겹이나 되는 자기연민을 껴입고 겨울의 후문에서 애인을 기다릴 테지요

기다리세요

혹한에 서서 가루약처럼 퍼붓는 흰 눈을 맞으며 진지하게 겨울을 들여다볼 필요가 있습니다
검은 대지가 얼마나 냉정하게 꽃에 대해서 침묵하는지를 알게 되면 거기가 사랑의 유배지임을 알게 될 것

입니다

  당신이 죽을 것처럼 집착한 것은 '핀다'는 개념이었지요
  개똥 위에서도
  죽은 철학 위에서도
  한 방울의 핏물에도 꽃은 피어야 마땅하다고

  그 사랑이 형벌임을 깨닫고서야 스스로 매듭지은 감정을 당신의 마음높이와 딱 맞는 곳에 거꾸로 매달 수도 있을 것입니다

  한 묶음의 연애로

계단 세 개

 자고 나니 계단 세 개가 또 사라졌네 이번엔 어쩌라는 거야 거미처럼 궁리하지만 빠진 계단 세 개는 애매해서 한꺼번에 건너뛰기는 어려운 숫자야 오르거나 내리거나 아무튼지
 누가 밤마다 계단을 가져가는 걸까 천사는 공정하다는 믿음을 아직은 버리기가 어려워 도둑맞은 계단을 분실신고 하거나 사다리를 빌리지는 않네

 어떤 날은 갈비뼈를 세 대씩이나 도둑맞기도 했어 그런 날은 허방이 너무 깊어서 바닥으로 떨어졌다 돌아오기까지 십 년이나 걸렸는데 그때마다 나를 건져준 것은 바람이 아니라 빵빵하게 어둠이 채워진 튜브였지 부력이 상당한 거였어

 세 개의 갈비뼈를 취해서 만든
 셋이나 되는 나는 또 어디에 주저앉아서 우나

 피아노 건반 세 개가 빠져 달아난 날은 악마가 음계를 밟는 소리를 들어야 했어 영혼 깊숙이 침투해서는 삐걱거리며 돌아다니는 절름발이 음악, 악몽에도 옵션

이 있다면 터치 한 번으로 장르를 바꾸고 싶었지 노래를 빙자한 악마의 속삭임을 지우고 싶었다고!

 충층나무 이파리 세 개가 달아난 허공을 메우는 거미에게는 관대해야 해 그것이 평생의 숙제여서 거미도 나처럼 까맣게 덧칠된 그늘을 펼쳐놓고 머리를 긁적이기 때문이지 날마다 심각하지 않으면 생도 무엇도 아니거든

반추

 처음엔 본능적으로 허우적거리다가 유연한 몸을 가져서야 사방으로 돋아나는 발들을 갖게 되었소 내 걸음걸이가 활달해졌다면 그즈음이겠지만, 문득 조심스러워진 것도 그 무렵이오 왠지 슬픔을 배달하는 밀사 같았기 때문이오 뒤져보면 꼬깃꼬깃하게 접힌 밀서 한 장 나올 것 같은, 나를 따르는 이야기들이 많아질수록 나는 흐려지거나 탁해지기 일쑤였으나 눈앞의 사고事故는 순간이어서 사고思考를 못 한다는 것이 비극이었소 돌멩이 하나에도 줄기가 달라지는 것이 나의 유약함이니 어쩌겠소 폭포는 말할 것도 없지 않소? 같은 장소를 두 번 뛰어내릴 수 없다는, 다시는 같은 고도에 아슬아슬하게 서 볼 수 없다는 절망을 절망하는 것이오 어떤 완력이 뒤에서 밀었는지, 아니면 밀렸는지, 그것도 아니면 스스로 뛰어내렸는지 천 길 벼랑에서 곤두박질치고서야 폭포는 기승전결이 뚜렷한, 준비된 클라이맥스임을 알게 되었소 더는 묻지 마시오 완성까지는 아직도 가야 하오 다시 흘러야겠소

껍질

누군가의 껍질을 자주 벗기고 입혀 본
당신은 알겠지만 껍질이 껍질에게
껍질을 입히는 일은 피곤하면서도 벅찬 일이지요

공기의 껍질인 바람과 물의 껍질인 구름을
수시로 만져본 당신은 짐작할 테지만
깨지지 않으면 부스러지는 운명이어서
더욱 명랑하게 움직인다는 거지요

매미가 제 육신을 주물로 부어서 만든 껍질이거나
뱀이 나뭇가지에 걸쳐 놓은
길지도 짧지도 않은 자랑을 들여다보며
전전긍긍하는 당신은 껍질의 연구원이라야 맞습니다

바이올리니스트와 피아니스트도 알고 보면
껍질을 나누어주는 악사에 불과하다는 거
언제나 친절한 것도 아니어서
서늘한 선율을 한겨울에 내밀기도 한다는 거
죽을 것처럼 추위를 타던 당신은
마침 받아 든 껍질에 심장을 구겨 넣으며 감동하지요

우엉

 숙명이려니 했어 그렇지 않고서야 굴착기 같은 맹목으로 직립만을 고집할 수는 없었겠지

 내가 지나온 길이 곧 나의 몸이 된다는 거

 어느 정도의 길이를 갖게 되었을 때 처음으로 뱀처럼 몸부림쳐보고 싶어 했지
 도무지 끝날 것 같지 않은 하강의 지시가 끔찍했거든 생각은 물론 생각으로 끝나고 말았지만

 잔발 하나가 없다는 것은 한눈판 적이 없다는 거

 뼈대 하나 세우는 일로 전전긍긍하다가 눈먼 지팡이 같은 감각을 덤, 아니면 인심처럼 얻기도 했어

 내가 내 몸을 목발 삼아 또각또각 시간의 계단을 더듬어 내려갔으니까

 물론 알아 그래봤자 한 발 남짓의 자랑이라는 거
 〈

그래도 나름의 회초리 하나는 얻은 것 같아 야생마를 몰고 갈 정도의 채찍은 아니지만

눈사람을 읽었다

봉투를 찢고 나온 것은 뜻밖의 눈사람이었다
그토록 차갑고 냉담한
그를 읽는다는 것은 제법 인내가 필요한 일이었지만

그는 어제보다 오늘이
오늘보다 내일에 조금 더 핼쑥해졌고
품 안에 쏙 들어올 정도가 되어서야 그의 냄새가 맡아졌다

질긴 슬픔의 냄새랄까 짙은 생의 비린내라고 할까

그는 나를 용납하지 않으려 했다 무엇보다
뜨거운 오독을 불안해하면서
그로 인해 생겨나는 크레바스 안으로 한꺼번에 함몰될지도 모를 그의 세계를 두려워했다

그의 안에는 무수한 그의 묘지가 가지런했다
나름의 질서를 가진
절벽으로 비碑를 세워 스스로의 죽음을 예우했고 불후의 잠을 존중했다

〈
　난잡하고 무질서하고 어지럽다는 배후설이 심한 곡해였다는 것을 증명이라도 하겠다는 듯이
　문장마다 마침표를 정갈하게 찍고 있었다

　이제는 그를 겨울로 보내주려고 한다 내상을 깊숙하게 입은 내 영혼을 위하여
　그의 난해함도 거의 녹아 늑골만 남아 있기도 했다

비밀의 속성

그는 절반으로 쪼갠 비밀을
세상에 없는 검정사과라며 나에게 건넸습니다

비밀을 공유하게 된 나는
자꾸 입으로 빠져나오려는
나뭇가지를 당황해하며 툭툭 분질렀지요
그러자 감당 못 하게 뿌리가 나서
나는 결국 검정사과나무로 붙박였습니다

오가는 이들이 손 타기 쉬운
나지막한 나는
조마조마한 비밀을 이파리 아래 은밀하게 숨겨 놓았지요
검은 손들이 뒤지기 알맞은 높이에
숨겨둔 비밀은 한층 아름답게 익어갔지요

그것을 따간 당신은 그 기가 막힌 맛을
누군가하고 나누었고
그것을 먹은 대가로 그는
나뭇가지처럼 자라 나오는 혀를 분지르기에 급급했습니다

불편한 진실

누구를 만날 때는
드라이버를 챙기는 것이 좋아
헐거워진 대화는 조이고
지나치게 잠긴 대화는 슬그머니 끄르고
하지만 당혹스럽게도
드라이버가 무용지물일 때가 있지
내 혀는 일자인데
십자드라이버가 필요한 상대라든지
그럴 땐 임기응변이라는 것이 있기는 해
내 쪽에서 대화에 열쇠를 채우는 거지
아니면 지나치게 정중해진다든지
정중?
얼결에 말했지만 꽤 괜찮은 방법이네
맞지도 않는 드라이버로 상대를
열어보겠다고 끙끙거리느니, 난감한
상대를 자리에서 일어나게 만들 수도 있으니까
무겁고 딱딱한 정장 차림인
정중은 사실 대체적으로 불편한 진실이거든

봄, 그 짧은 축제

누가 쏜 새총일까
백포도주와 적포도주가 담긴 목련꽃들이 쨍강 쨍강 깨져나갔어

봄 아가씨는 앞자락에 얼룩을 가진 채 파티를 시작했지

대부분의 꽃들이 그랬어
길게 금이 간 얼굴에다가 '사랑해'와 깔깔거리는 웃음을 담고 돌아다녔으니까

조랑말처럼 졸랑졸랑 시간이 가는 사이 봄 아가씨들의 신발이 점점 작아졌어
바람은 절름거리는 발뒤꿈치를 집요하게 따라다니며 구두를 벗기곤 했지

파티 복장으로 잠시 휘청거렸던 신분이 낮은 꽃들은 하녀 복장으로 갈아입고서 얌전하게 계절의 분부를 기다렸어
잠깐의 외출이지만 만족하는 얼굴이었고 주인공이 아니기에 기대할 것도 없다는 표정이었지

〈

  파티가 끝났음을 알아차린 목련은 광문을 활짝 열어 술통이란 술통은 전부 쏟아버렸어
  희거나 붉은 꽃잎이 쥐 떼처럼 콸콸 쏟아져 같은 방향으로 빠르게 도망을 쳤지

  봄은 축배의 잔을 들고 있는 목련이 하나도 없다는 사실을 확인하고서야 바이바이, 숱한 연인들의 손목을 놓아주었어

  봄날, 아주 짧은 축제였지

2부

비가 상처를 세우면 내 마음에는
손톱자국이 깊어집니다

외줄 전선의 음표들

음의 높낮이를
마음껏 그릴 수 없는
외줄 전선으로
어떤 노래를 만들 수 있겠습니까
위험한 기호로 매달려 있는
빗방울들을 바람이
죄를 사하듯이 출렁출렁 지워줍니다
슬프고도 지루한 온음표의
노래들이 후두둑 떨어진 자리
또 다른 음표들이
점점이 내려앉아 날개를 접습니다만,
새들은 오르골에 불과합니다
운명적으로 태엽을
감았다 끌렀다 하면서
저장된 노래나 들려주기 때문입니다

철사는 철사

촉이 발달한
철사들은 권력이 원하는 방향으로 알아서 꺾어진다
유리겔라의 손이 개입하지나 않았을까
의심하면
철사들은 특유의 유연성으로 보란 듯이 증명한다

어떤 나쁜 상황에서도
착착 감기거나 굼실굼실 감길 줄을 알고
마음에 안 들면 들 때까지 끌렀다가 감아도 된다

우리는 금속성이다, 철사들은
혹시 자신에게 있을지도 모르는 인간미를 수시로 확인한다
그들의 냉철함을 높이 사는
어둠의 보스들은 그들을 행동대장으로 삼기에 망설임이 없다

한번 숨통을 틀어쥐면 절대로 놓지 않는,
야생동물의 발목을 낚아채는
잔인함은 덫을 채용할 때의 필수조건이다

〈
자비라고는 일절 없는
철사들이 냉정함을 잃으면 부비트랩*으로 폭발한다

* 건드리거나 들어 올리면 폭발하도록 임시로 만든 장치.

죽음의 노하우

 아까 그 천둥소리가 내 따귀를 칠 때 났던 소리군요 몰랐어요 늘 적대적이던 번개와 공기가 충돌하는 소리려니 했지 이런 경험은 크게 놀랄 일이 아니에요 장미축제가 열리는 공원에 넋을 잃고 서 있다가 전지가위에 잘려 화병에 꽂힌 적도 있으니까 기차가 나를 향해 저돌적으로 달려들 때도 기관사를 정면으로 바라보며 서 있었으니 말해 뭐해요 비명은 철로를 따라 걷던 해바라기가 대신 질렀고 나는 오징어포처럼 눌린 얼굴로 웃으며 현장을 떠났나 봐요

 물론 번번이 농담 같은 악몽이지만 몇 번의 죽음은 이제 노하우가 되었어요 누가 죽음을 물으면 나는 매우 친절하게 상담해 줄 거예요 어쩌면 조금 흥분할까요? 줄장미를 초콜릿처럼 나누어 먹으며, 아니 스웨터 앞자락에 가득하게 달린 작고 앙증맞은 여러 색깔의 단추라고 해도 상관없겠어요 똑똑 따서 오물거리면서 죽음은 책장을 넘기기 두려워하는 소설이 아니라 비눗방울놀이를 하는 아이처럼 단순해지는 거라고 말해 줄 거예요 반드시 맨발로 달리면서 깔깔거릴 필요까지는 없고요 뛰지 않아도 모든 풍경은 고스란히 뒤에 남겨지게 되어 있으니까요

구름테일러

 맞춤전문점인 구름테일러 재단사 K의 자랑은 구름 원단을 쓴다는 거였어 어떤 고객이라도 그가 원하는 대로 의상을 만들어 줄 수 있다며 바다에서 갓 수입한 구름 샘플을 펼쳐 보였지

 몸을 버리고 싶은 고객은 바람을 찾아가고 비밀이 목적인 고객은 구름테일러 문을 밀고 들어갔어 구름인지 안개인지 구분하기가 쉽지 않은 시간대에 몰리는 현상까지 있었지 변화무쌍한 무늬가 근사한 시간이기도 했거든

 한 고객이 영혼에도 옷을 입힐 수 있느냐고 물어봤어 물론이지요 재단사 K는 화보집을 꺼내더니 누구라도 알만한 모델들을 홀랑홀랑 넘기며 보여줬어 하나같이 구름의 속성을 제대로 살린 의상을 입고 있었지

 구름으로 만든 꽃관을 쓰고 왕비처럼 웃던 여성 모델은 아랫도리가 열려 있다는 것을 몰랐고, 똥배에 간신히 걸친 구름팬티가 아슬아슬한 남성도 있었는데, 그를 젖힌 인기 모델은 당연히 벌거벗은 임금님이었어 패션계에 센세이션을 일으켰던, 영원한 모델이었지

바다와 주름치마

 날마다 해변으로 밀어내는 주름치마는 어떤 여신들에게 입힐까요
 그 아름다운 여신들은 모두 어디에 저장되는지
 해킹도 유출도 불가능한 소문이 단지 신화처럼 떠돌 뿐입니다
 드레스를 찰찰 끌고서 사라지는 여신의 목덜미를 봤다는 전설만으로
 팬이 되었던 소년들은 해변에 앉은 채로 노인이 되었지요
 기다림의 미학으로 늙어가는 것이 그들이긴 하지만
 상상을 빌려 수음을 하는 소년들의 부끄러움은 구름이 슬쩍슬쩍 가려주었지요

 허공 높이 매달려 밤낮없이 작업대를 지키던 감시카메라도 꺼진 날입니다
 장례미사가 열리는 날, 그믐을 골라서 죽는 이들은 대체 어떤 족속일까요
 검정 상복을 지으려면 밤샘 작업은 필수라서
 피로하게 돌아가는 작업대 위로 또 한 필의 원단 던져지는 소리가 철썩! 들려옵니다
 〈

아침이 되면 바다는 또 하루치의 붉은 코피를 철철 쏟아낼 테지요

짐승들

인간보다 무서운 짐승은 세상에 없단다 어려서 엄마가 했던 말씀을 이제야 이해하네
이빨이나 발톱 따위를 드러내지 않고도 상대를 지구 바깥으로 밀어낼 수도 있고
포로로 만든 영혼을 개처럼 끌고 다니는 것이 인간이라는 거

인간은 은유를 써서 특히 무서운 짐승이지
언어만 갖고도 천만번의 살인이 가능한 맹독과 절벽과 지옥을 생산하니까
제 새끼를 죽이고도 알리바이를 생각하는 짐승이 머리 쓰는 짐승 말고 또 있을까
이런 악마까지도 뒤집어쓴 것이 인간의 껍데기라는 거지

짐승은 딱 두 부류로 구분이 돼
신발을 신는 짐승과 신발 자체를 아예 모르는 짐승으로
둘 다 맨발이었던 시대엔 없었던 차별화가 신발 이후 확실해졌다는 거지
그렇게 짐승들은 부류별로 찢어져서 각자의 길을 갔던 거야

신발을 신지 않은 짐승들은 밀림으로 가서 새끼들을 만들었고
 신발을 신은 짐승들은 사막으로 가서 범죄의 도시를 만들었다는 거지

격랑

　격랑이라는 단어를 보는 순간 한 시대의 물결이 마음을 철썩 갈깁니다

　절벽 위로는 아프리카의 사바나가 펼쳐졌지요 약육강식의 사납던 날들을 우적우적 먹어 치운 것이 나였다는 사실을 믿기 어려웠습니다

　입가에 묻은 비린내를 씻어내느라 얼마 전까지도 마른풀을 찾았으면서 서쪽으로 가는 길은 본래가 험한 거라고 중얼거렸습니다

　건조기를 건너는 동안에는 죽음이 몸으로 들어와 주인 행세를 했습니다 지극히 보편적이어서 생이라는 말을 뼈다귀처럼 핥으며 구름을 보았지요

　어떤 예의 없는 무리들이 입을 댔는지 구름이 걸레처럼 너덜너덜했습니다

　그때나 지금이나 채식 동물이 있는 곳엔 육식동물이 있게 마련이지요 나는 어느새 기형의 발가락을 가

진 늙은 짐승이어서 뿔 없는 것들의 비웃음이 옆구리를 찌르고 달아나도 쫓을 수가 없습니다

 사바나에서는 속도를 잡아먹는 세월이 무어니 해도 가장 턱이 좋은 짐승이지요

 머잖아 통째로 나를 먹어 치울, 그 억센 턱을 가진

모래인간들

지하도로 쏟아져 들어가는 군중 속에서 나도 한 알의 뜨거운 모래로 휩쓸렸다
목마른 사막을 뭉쳐 모래인간으로 만든 신이 사람의 도시로 보낸,

모래 알갱이 하나하나에는 고독이라는 유전자가 각기 다른 내력으로 숨어 있다
사막에 버려진 송장을 뜯으며 서럽던 개의 영혼이 숨어 있고 죽은 새끼의 무덤을 다독거리던 늙은 낙타의 울음소리가 스며 있고
그곳을 떠돌다 몰락한 바람의 냄새가 배어 있다

이러한 주재료로 지어진 사람들은 태생적인 갈증으로 오아시스를 찾아 헤매는 거다
그러다 광장에서 모래와 모래가 재회하면
사막처럼 뜨거워져서 폭풍한테 배운 노래를 폭풍처럼 불러 젖히는 거다

사막에서 온 줄조차 모르는
승객들 틈에 나는 한 알의 모래로 골똘하게 앉아 있

었다
　도시의 숨통을 묶었다 끌렀다 하면서
　시간놀이를 즐기던 지하철이 멈출 때마다 승객들은 멱살이라도 잡힌 것처럼 끌려오거나 떠밀려 나갔다

　모이면 흩어지는 것 또한 모래의 운명이니
　그들은 어디로 가서 그날의 해변이 되거나 그날의 사막이 될 터였다

큐브게임

빤히 건너다보이는 아파트
창문은 밤이면 색이 맞지를 않는다
듬성듬성
탁한 색이거나 밝은색이거나

건물 한 채를
어떤 이가 밤새도록 가지고 노는지
큐브는 아침이 되어서야
같은 색으로 완성이 되곤 했다

너도 나하고는 맞지 않는 큐브였지
겨우 맞는다 싶으면
마지막 하나의 색을 가져오지 못하는
하나를 맞추려다
열이 틀어지고 마는 난감한 창문이었어

큐브의 완성은 면의 고집스러움,
아니 강렬한 색의 끌림과 질서 유지에 있다
초록과 초록이
지경을 넓혀 한바닥의 들판을 완성하고

파랑과 파랑이
결합하여 한바닥의 바다를 완성하는 것처럼

옆집에 살던
지중해 여자가 올리브를 찾아 떠난 것도
알고 보면 색깔을 맞추러 간 것
황토색이 황토색과 어울려
모국어로 깔깔거리는 시간도
큐브게임의 당연한 질서와 규칙에 따른 거였다

문득, 바람

물기 뚝뚝 떨어지는 빨래를
바람이 말려준다고 생각한다면 고정관념
아니면 왜곡입니다
바람도 늙으면 움직임이 둔해져
빨래로부터 수분을 빌리기도 한다는 거

어떤 바람은
빨랫줄에 걸린 허름한 당신을 아예 입습니다
펄럭펄럭 팔을 꿰고
다리를 꿰어 당신의 노동을 이해하는 척하지만
그대로 달아나다
옥상 계단에 당신을 떨어뜨리는 일도 있습니다

바람이 한 군데 머물지 못하는 것은
불온서적 같은
세상 페이지를 넘겨야 하는 숙제에 있습니다
광장은 광장이어서 바람이 모이기에 좋다는 거
이럴 때가 아니면
바람이 바람의 입냄새를 언제 맡아보겠습니까
〈

바람에게 옷을 빌려 간 인간이 있으면
빨리 되돌려 주십시오
그렇게 낡은 옷을 왜 아직도 입고 다니는 겁니까
다시 말하지만
그거 날개 아니에요!

비를 헤아리다

쉴 새 없이 유리창을 할퀴는 저 섬뜩한
손톱! 언뜻언뜻 칼날까지
보이는 것으로 보아 여간 오랫동안 벼른 원한이 아니군요

우리가 어디에서 만난 겁니까
솔직히
시간을 더듬어도 잘 모르겠어서 소환하던 기억을 돌려보내기로 합니다
그대에게 빌린 문장을 돌려주지 않고 도망쳐 왔을까요
아니면 당신의 야망이라도 가로채 야반도주를 했을까요 그도 아니면 당신에게 목숨 빚이라도 졌는지도

비가 상처를 세우면 내 마음에는 손톱자국이 깊어집니다 일방적이긴 하지만 그것을 비의 폭력으로 규정하지는 않겠습니다
습관은 질기고 나는 나를 책임진 적이 없기 때문입니다

문득 비하고 나하고

조상이 같을지도 모른다는 의심이 드는군요
어떤 인과성이 없고서야 목소리가 저렇게 닮을 수는 없다는, 남의 탓을 하는 원성까지도 똑같다는

단지
창문 아래 수북한 비의 손톱에서는 그 뿌리의 내력을 읽을 수가 없을 뿐입니다

커서를 믿기로 합니다

함부로 썼던 날들을 더는 두려워하지 않겠습니다
엿보지 말라는 창문 틈으로
훔쳐보았던 장면도 더는 죄악시하지 않겠습니다
요령을 배운답시고 괴발개발 세상을 베꼈던,
북북 문질러도
얼룩이 남는 칠판 걱정은 이쯤에서 털어버리겠습니다
초원을 뭉개며 지나온 짐승의 발자국 따위는
해변을 지우는 파도처럼 간단하게 덮어버리겠습니다
묻지 마 성폭행을 당한 여자의 해리성 기억장애처럼
잊고 싶은 사건 앞으로 가볍게
커서를 옮겨 한순간에 악몽을 날려버리겠습니다
밤의 커서가 검정 블록을 씌워 단숨에 하룻밤을
날려버리듯 불리할 때면 커서를 부르겠습니다
언젠가는 내가 통째로 편집이 될 거라는
공공연한 비밀을 알았으니
최고 수준의 편집자인 하나님 흉내를 종종 내겠습니다

우리교도들

우리에게 '우리'는
출생부터 탯줄처럼 달려 나온 일인칭 대명사다
우리 아내와 우리 남편
마저도 공유하는
우리를 우리도 이해할 수 없지만
이유를 구태여 찾으려 하지도 않는다
우리에게 우리는 모태신앙이며
더불어 한가운데 우뚝 솟은 말뚝이다
같은 방향으로 놓인 철로이기도 하고
끌고 끌리는 화물칸이기도 하다
때때로 흥분하면
함께 날아오르는 비행기가 되고
공동의 화력을 가진 엄청난 미사일이기도 하다
하나하나가 알곡이기도 한
우리는 한 사발의 따뜻한 밥이 되기도 하고
고추장과 참기름만 넣으면
둘러앉아 먹을 수 있는 비빔밥이 되기도 해서
무리 짓기를 거부하는 고독한
늑대와 여우에게 끈질기게 숟가락을 내밀기도 한다

부재중

    한때는 내 안에 내가 부재했다 나 없는 나만 가죽부대 안에 갇혀 있었다
    지나가는 바람도 시절도 다 무의미한 이때를 통틀어 나는 푸줏간의 시대라고 부른다

    하루하루를 팔아서 내가 나를 연명하던

    그때의 밤은 몹시도 검고 질겼다 낮 또한 말도 안 되게 심심해서 먹었던 시간의 대부분이 메슥거렸다

    의사는 극약처방이라도 하는 것처럼 소량으로 나를 돌려주었다 아주 천천히,
    불투명한 약통에서 날마다 끄집어낸 것은 어딘가로 소실되었던 나의 일부였다

    기억은 새로 제조라도 한 것처럼 생소하면서 낯이 설었다
    옥상도 없고 다락방도 없고
    오로지 숨죽일 곳은 육체 밖에는 없는 나는 빈 부댓자루를 펄럭거리며 동네를 돌아다녔다
    〈

상점을 기웃거리거나 웃음 없는 웃음을
　거리에 흘리며 돌아다니는 내가 비루먹은 늙은 개처럼 느껴지기도 했다

　꿈은 왜 또 그렇게 산만한지
　뒷발을 높이 치켜든 검정말에 채어 침대에서 떨어지기 일쑤였고
　그때마다 가죽부대는 어둠이 두꺼운 바닥에서 쿨렁거렸다

　아직까지도 온전하게 돌아오지 못한 나의 일부가 있다
　가끔씩
　슬그머니 나타나 곤란한 기억을 망각으로 처리해 주는
　나는 나의 부재를 인정하면서 은연중 고마워하기도 한다

필경사들

 종려나무가 쉴 새 없이 팔을 움직였다 힘에 부치는 듯하다가도 일필휘지로 몰아쳤다
 나무의 언어를 배운 적은 없지만 바다와 해변과 새들의 울음을 허공에 기록한다는 것쯤은 알 것 같았다

 바다거북과 달팽이는 온몸을 쥐어짠 물감으로 스스로를 베끼는 중이었고,
 대파밭을 지날 때는 초록 잉크를 듬뿍 채운 필기구가 부러워 슬쩍 만져보기도 했다

 그리고 돌아와 화면만 노려보고 앉아 있었다
 한숨이거나
 울음소리거나
 터져 나오지 않는 문장이 갑갑했다 머잖아 어둠의 투망이 펼쳐질 터,

 일몰의 시간은 몰락의 시간이라고 혼잣말을 하고서야 시간은 뒷거래가 용납되지 않음을 환기했다

 넘어가는 해라도 받아 적으려고 몇 번인가 의자를

물리다가 동쪽에서 발생한 소란스러움에 관심을 빼앗겼다 그쪽 일이 늘 그렇듯이 별스럽지도 않은 일이었다

어디에도 집중할 수 없는 가벼움이라니!

무임금의 필경사일수록 고독이 필수라는 것을 까맣게 잊고 있었다

3부

휘어진 발톱과 달빛에 그을린
어린 늑대의 하울링

압화 壓花

식탁 유리 안에 몇 년째 갇혀 있는
건조한 얼굴을 물끄러미 보네
처음 본 것처럼 생소한 꽃잎을,
이제부터 너는 미아리에서 해방이야
집이 사창가 근처여서
유리감옥 앞을 날마다
지나다녔다는 아는 오빠가 말했거든
매일 본다는 것은
매일 못 보는 것과 마찬가지라고,
중얼거리는 순간 유리감옥이 쩡!
파손이 되고 여자는 자유가 되네
발가벗은 몸으로 그만큼 견딘 꽃이면
날개를 얻을 수 있다고
질펀하던 눈물을
웃음으로 다 팔아먹었으니
그만하면 천사라고

나비가면

나비에게 가면을 빌리겠다는 당신을 내가 말렸지요
순식간에 늙는 것이 계절이니 나비가면은 위험하다고요

내 말이 의심스러우면 초록이나 꽃의 죽음을 인화해보세요
받아쓰기조차 할 수 없을 만큼 현란한
속기速記 언어에 현기증이 날 터이니

나비는 무릎을 꿇고
화려한 꽃의 발을 닦아주는 엑스트라에 불과합니다
날개가 푹 젖어서
퇴장하는 하녀의 역할을 맡은

그런 나비를 불평하면서도
당신은 가면을 되돌려주겠다는 말은 끝내 안 하는군요

가벼워지고 싶다면 채집망에 걸리지 않는 바람에게 갔어야지요

저렇게 촘촘하게 내려앉는 햇살 그물을 어떡하려고

　내가 당신을 투정하는 사이
　계절은 저만치에서 쭈글쭈글한 손을 흔들어 보이고
있습니다

푸른 세력들

냉혹한 겨울을 건너는 동안
할 말이 많아진 나무들은
계절을 빙자해서 혀를 생산합니다

초록을 두들겨서 만든 혀가 많을수록
나무는
큰 세력을 거느리게 됩니다

같은 소리로 떠들어야 하는 세력은
바람과 불가분의 관계를 맺습니다

바람과 나무의 디엔에이가 같을 수도 있다는 의심은
양측의 이해충돌이 맞아떨어진 결과로 보는 것이
더 합리적입니다

불이 보여주는 춤이라든지
물이 보여주는 춤은
바람과의 의기투합에서 얻어낸 산물
나무의 혀에 바람이 실려
둘의 욕망이 동시에 충족됩니다

〈
언제든지 떠들 준비가 된 혀들

실로폰 건반처럼 가볍게 건드리는
바람의 장난기
나도 무언가와 의기투합을 했으면 좋겠다는 생각으로
청동기 유물처럼 관리되고 있는
어눌한 혀를
슬그머니 놀려봅니다

시간이라는 새

 그 새는 언제나 친절하지 않습니다
 어제와 같은 노래를 부르지도 않고 내가 원하는 나뭇가지에 앉지도 않습니다

 조금은 멋대로인 새는
 석류가 주렁주렁 달린 그림 대신에 가시덩굴 빽빽한 숲에 알을 낳기도 합니다
 어떤 새는 굵은 철사와
 녹슨 나사를 물어 나르다 교회당 십자가에 깜장 꽃 한 송이를 피우기도 하고
 깃털이 필요한 새는 구름을 뜯어오다가 구름구름 날려 먹습니다 문득 날아와
 유리 조각처럼 차갑고 날카로운 노래를 끄집어내는 새의 부리는 엉망으로 깨져 있습니다
 꽃가루처럼 훌훌 노래를 뿌리는 새는 얼마 전에 부리를 갈아 끼운 새입니다

 아무 데서나 불안해지는 버릇이 있는 새들은 바람 부는 전깃줄을 골라서 앉고
 죽음에 호기심이 많은 새들은

황혼이 이글거리는 강물에 날개를 홀라당 태워먹기도
합니다
　날아가는 것도 제멋대로여서
　어떤 새는 홈런처럼 거침이 없고 어떤 새는 커브를 잔
뜩 먹고 숲속으로
　뚝
　뚝
　떨어지기도 합니다

　삶의 굴절이 각기 다르므로 각각의 방향에 만족을 얻
겠지만 그럼에도
　떼로 몰려다니는 새들은 자신의 존재가 보잘것없음을
농담처럼 깨달은 새들입니다
　선물처럼 좋은 시력과 저주처럼 나쁜 시력 사이에서
　새의 하루는 화들짝 시작했다가 더듬더듬 저뭅니다
　종種이 다른, 설명 불가의 새는 거꾸로 시계를 돌리기도 한다만

　동쪽 아궁이에서 날아 나와
　서쪽의 굴뚝으로 날아가는 것은 모든 날개에게 주어진
당연한 숙제입니다

가족과 가축

사건은 가족을 가축으로 읽으면서부터다

철문 안에서 무럭무럭 몸집을 불려 나가던 불행은 불행을 확인하느라 자주 소리를 냈다 어떤 날은 깨갱거리다 어떤 날은 꿀꿀거렸다

물씬물씬 퍼져나가는 오물 냄새에 이웃은 사육되는 짐승의 종(種)을 궁금해했고 불행을 팔라는 장사꾼은 간을 보듯이 이따금 소리를 지르며 지나갔다

불행이 저울 위로 끌어 올려질 때마다 튀던 비명은 옆집의 옆집까지 드릴처럼 뚫었다 신고를 받고 왔던 경찰은 불행은 자신들이 취급하지 않는 종이라며 번번이 되돌아갔다 구조대원을 불러봤지만 마찬가지였다

불행은 마음 놓고 웃자랐다 번개를 먹은 것처럼 벽이 쩍쩍 갈라질 때까지 그러다 쥐 죽은 듯이 고요해졌을 때다 철문이 벌컥 열리더니 거대해진 불행이 피 묻은 입술을 쓰윽 훔치면서 나타났다
〈

사육되던 가축이 사육을 하던 짐승을 물어 죽이는 것으로 끝이 난 사건이었다

문득, 불러보는 혁명가

마디마디
이어 붙여야 하나의 이름을 갖는 것들이 있지
시간과 시간,
사건과 사건이 모여 역사가 되는 것들이 다 그렇지만,

철도라는 말이 자연스럽게 따라 들어와
고통스럽게 끌고 다니던 척추를 부리고 있네
세월의 검은 뼈를 세느라
밤새도록 철커덕거리는 열차,

나는 지금 내 등에 깔린
무수한 침목을 세며 가문을 달리는 중이라네

검은 입술을 가진 터널 입구에
아버지의 얼굴이 실패한 혁명군처럼 내걸리고
화통소리 한결 높이는 열차는
코끼리처럼 달려 아버지의 얼굴을 가차 없이 찢어버리네

하긴, 한낱 사소한
인생 때문에 역사가 멈출 수는 없는 법이지

시간이란 때때로 물이고 불이고 바람이고 광기니까

마디마디의 낱말,
문장과 문장으로 이어진 한 권의 책을 일으켜 세우는
아, 버거워 삐걱거리는 나의 척추여

누가 시대의 건반을 잘못 눌렀는가

한꺼번에 울음을 터트리는 내 마디마디의 뼈
지령도 밀명도 더는 오지 않는 이 시대의
외로운 혁명군인 나는 지금 어디를 달리는 중인가

팝콘은 튄다

처음에는 풍선껌
터지는 소리로 톡톡 시작을 하다가
점점 경쾌해지는 봄날!

냄비 뚜껑을 여는 순간
하얗게
부풀어 오른 벚꽃을 만날 수가 있지
버터 냄새 듬뿍 섞인 웃음은 덤이고

극장 아닌 곳에서도 팝콘은 튀어
교정 문이 열리는 순간 깔깔거리며 쏟아져 나오는
팝콘들은 게임방으로 가거나
학원으로 가면서 금방 눅눅해지기도 해

콘들은 결코 침묵하지 않는다는 거지
어머니의 시대처럼 뜨거움과
숨 막힘을 묵묵히 견디는 콘은 더 이상 없다는 거야
새댁도 시아버지한테 말대꾸
톡톡! 하면서 팝콘 튀기기 일쑤거든
〈

니가 왜 거기서 나와˚
울부짖는 유행가가 순식간에 이해가 되네
무겁고 단단한 머릿속을
구름처럼 비우고 싶은 콘들이 많다는 거
프라이팬처럼 화끈
달아오른 플로어에 몸을 달구고
튀고 싶어서 안달하는 청춘이 많다는 거

이 밤에도 먹고 먹히는 간식이고 싶어
클럽 문을 밀치고 들어서는 콘들이 많다는 거야

˚ 가수 영탁이 부르는 노래 제목.

배려

새가 부르는 것을 노래라고 생각하면
노래겠지만
상심하는 마음의 옹알이라고 생각하면
새의 눈물을 받아내느라 활짝
펼쳐진 나뭇잎의 손바닥을 보게 되지요

당신은 그때 손바닥을 펼쳐야 했습니다
완충지대가 없는 나의 슬픔은
딱딱한 대지를 온몸으로
구르며 한 방울의 빗물처럼 처참했지요

맨숭맨숭한 하늘에
구름 한 점을 띄우는 일이라든지
망망한 바다에 수평선을 긋는 일은
하늘과 바다의 외로움을 이해하는
신의 영역이지만,
내 마음에다 위로의 말씀 한 잎
놔주는 일은 당신의 몫인 것입니다

포도나무를 베어낸 자리에

양귀비꽃 화려한 정원을 만드는 일이라든지
목련이 서 있던 자리에
눈사람을 세우는 일은
친절을 가장한 불친절이었지요

실험용 초파리를 들여다보듯이
당신의 마음만 들여다보는 당신은
이제라도 연구실 의자를 한 걸음
물리고 시선을 바꿔야겠습니다

자가 발효

　세상 것들은 다 자가 발효를 할 수 있습니다 매개균 없이 물질 본래의 균만으로,
　발효연구가인 진형근 대표의 말입니다 심지어는 돌도 자가 발효를 할 수 있다는,

　조물주야말로 그 어마어마한 분야의 원조지요

　부글거리는 사월의 벚나무도 누룩을 부은 것처럼 감당 못 하게 부풀어 오르는 한여름 숲을 봐도 그렇고요
　물감통을 쏟은 것처럼 번져 나는 황혼이거나 힘이 장사인 어떤 거인이 왕성하게 쏟아놓은 뭉근한 구름을 봐도 그렇습니다

　정자에서 정자, 난자에서 난자로 이어져 내려온 내력이 다 그런 것처럼,
　자가 발효되는 착한 세포가 인간 속에 있기에 세상이 망하지 않고 술통처럼 굴러서 여기까지 왔다는 것이지요

선거는 끝나고

벽보 속에서 화사하게 웃던
꽃들의 요란한 재채기 소리가
잦아들면서 환절기가 끝났지요
햇볕쯤이야 얼마든지 공급한다더니
슬그머니 공약을 지운
하늘이 회색으로 갈아타는군요
계절의 면역체제가 무너지고 나면
기다리던 봄바람은 어디에서 맞아야 하나요
피지 못한 꽃봉오리들은
입술을 꼭꼭 닫아걸고
고단한 나비들은
왔던 길을 되돌아가고 있습니다
계절의 영역표시가 없는 곳이 천국이라며
행복의 티켓을 팔던 자들은
주머니를 탱탱하게 불렸나요?
서랍 속에 넣어둔 꽃씨를 잊은 척
환절기를 넘겨버린 당신에게
'봄'이란 저당 잡힌 외투의 이름일 뿐입니다
남겨진 날들은 내내 추울 것입니다

단정斷定을 거부하다

나무들은 하나 같이 푸르다는 말을 일방적으로 거부해요
천 개의 계단이 있는 초록을 동색으로 싸잡아 말하는 것을 거부해요
그 흔한 무릎보호대도 없이 산정을 기어오르는 칡덩굴이라고 자신의 색깔이 없는 것은 아니지요
벌목꾼에게는 성가신 덩굴에 불과하겠지만

혼자 힘으로 산은 우뚝 일어서는 이름을 갖지 못해요 어떤 혁명도 어떤 구호도 외칠 수가 없게 되면 토사는 흘러내려요
흙을 붙잡는 갈퀴손이야 각기 다르지만 산봉우리의 기쁨이나 골짜기의 근심만큼은 하나지요

아카시아가 조금 더 적극적일까요? 그렇다고 해도 나무는 나무고 산은 산입니다

폭설이 내릴 때는 어떡하냐고요?
하나 같이 하얗다는 말만 안 하면 돼요 나무들은 싸잡아 말하는 것을 거부하니까
〈

각각의 나무만 인정해주면 나무는 어떤 조건이라도
공손하게 견딘답니다

마지막 패션

외출을 할 때마다 번번이 시간을
끌게 하는 고민 상자 속에서 옷을 뒤적이다가
이승을 떠날 때 입고 갈 옷이나 골라 볼까?
관 속에 누워서 태연하던 여자를 떠올렸습니다
그녀의 핑크가 좋아 보였는데,
핑크가 없어서 블랙 재킷을 만지작거리다
저승의 계절과 기후가 뜬금없이 궁금했습니다
기후라면 모르는 국가가 없는
기상 캐스터도 금기에 붙인 것을 보면
지구촌이 아니라는 사실만큼은 확실한,
그곳의 계절은 지금 봄인가요? 겨울인가요?
실크 블라우스만 입으면 나비처럼 곁길로
날아가 버릴지도 모르니 코트를 걸칠까
하다가 죽어서까지 어깨가 무거운 것은 싫고,
쓸쓸한 죽음에 생각을 담고 있으니
겨울 바다에 발목을 담근 도요처럼 추웠습니다

서쪽이라는 종교

어린 생명을 둘러싸고
찬송가를 부르던
마을 사람들은 어린것을 가리켜
'죽었다 살아난 애'
라고 했습니다

그 밤에 부활한 아이는
맹목적으로
서쪽을 따르는 신도가 되어 있었습니다

배냇저고리는
싸리나무 울타리에 걸쳐 놓고
너무 멀리까지 와버린 것입니다

목젖을 빨갛게 내보이며
배교자의 노래를
순교자의 노래처럼 부르면서

집중과 선택

그때 우리는 둘 다 거미였습니다

배가 몹시도 고픈, 그런데 하필 외통수에서 서로를 만난 것입니다 아슬아슬하게 허공을 딛고 서서 길이 없어졌다고 탄식을 했지요

상대는 막힌 생각을 뚫는지
말문을 뚫는 중인지 골똘했습니다 그런 장고長考가 없었지요

나는 왈칵 짜증이 났습니다 인내가 거미의 몫이긴 해도 내 몫은 아니라고 생각했으니까
말인즉슨 내가 거미라는 사실을 몰랐다는 것입니다

등을 돌리려는데 문득 바람이 불었습니다 골똘함으로 돌돌 뭉친 사고思考 뭉치가 훌쩍 몸을 날리는가 싶었는데,

배롱나무 한 채가 눈앞에서 황홀합니다

집중과 선택이라더니
딱 한 번! 방향을 바꾸었을 뿐인데, 궁전 같았어요

길이 활짝 열렸는데도 나는 외줄에 어지럽게 흔들리며 전전긍긍을 하고 있었지요
훌쩍 삶을 옮겨나 볼 것을 말입니다

문

문은
경계이면서도 경계가 아닌, 들어가면 나올 수 있어야 문이지요

그런데 열리지가 않아

어둠이 넘실거리는 목욕탕 구석에 웅크리고 있는 배고픈 눈빛을 떠올려요
그 조그만 몸 구석구석에 은밀하게 피어났을 검붉은 꽃과 먹구렁이들
처키 인형 안으로 꾸역꾸역 집어넣고 있는 어린 늑대의 휘어진 발톱과 달빛에 그을린 어린 늑대의 하울링

15년 동안이나 열리지 않던
문 뒤쪽에서 늙어가던 영화 속 올드 보이는 정말 아무것도 아닌지 모릅니다
삼백 년이 훌쩍 지나도록 열리지 않는 빗장 깊숙이 질러 넣은 마음을 생각하면

뒤주의 문이 열리지 않아 지금도 갇혀 있는 사도세

자께 문에 대해서 한 말씀 여쭤면 무어라고 하실지요

극한의 공간에서 한 알씩 한 알씩 아껴먹었을 산소 방울, 그러다 꿀꺽 삼킬 수밖에 없었던 마지막 공기 한 알······

하필이면 그때처럼 복중의 폭염이라 묻기에도 한없이 죄송하지만요

4부

떠돌이는 데려오지도 못하고
얼룩무늬만 입양했으면서

그림자 수행원

오랫동안 그늘 봉사를 해오던
느티나무가 강풍을 견디지 못하고 쓰러졌다
낱낱이 분해되고 해체된
그의 시간이 몇 대나 되는
트럭에 실려 떠나고 있었는데,
마지막 차에 훌쩍 올라타는
느티나무의 그림자를 얼핏 보았다
그림자를 데리고 산다는 것은
실로 대단한 일이다
마지막까지 철저하게
밀착수행을 한 내 편이 있다는 거다
볼꼴 못 볼꼴을 다 보면서도
묵묵하게 곁을 지키다가
내가 쓰러지면 같이 쓰러지고
하늘나라까지 동행을 해준다니
외롭다는 말은 이제 꿀꺽 삼켜야겠다

시니컬한 색깔론

 일제히 외줄을 타는 비의 꽁무니를 보았지 가볍게 착지에 성공한 빗방울들이 발발거리며 흩어졌어

 개나리 밑으로 스며든 빗방울은 노란 현수막을 공원마다 펼쳐놓았고
 목련나무 밑으로 스며든 빗방울은 불끈거리는 주먹을 광장 가득 모이게 만들었지

 검은 콜타르가 내 청춘에 엎질러진 것은 색깔을 이해하려고 애를 쓸 때였을 거야
 어느 틈에 검정 해바라기가 되었던 나는 그냥 웃었지 눈앞이 캄캄해서
 그러고는 또 웃는 내가 어이없어서 웃었어 꽃의 웃음이 검다니 일단은 말이 안 되잖아

 꽃의 운명이 본래 그렇대 본인의 의지와는 상관없이 어느 사이 붉기도 하고 검어지기도 한다는 거지
 간단하게 말하면 색에 대한 결정권이 꽃한테는 없다는 거야
 시니컬한 비의 대답이었지

〈
　거침없이 내리는 저 숱한 빗줄기들은 어디로 흘러가 제 존재를 드러낼까
　어느 꽃에다 마음의 감방을 짓고 색의 편견을 만들어 낼까
　비를 따라갔던 꽃들이 전부 젖고 있었어 흠뻑!

굴절의 기록

나는 원형 그대로의 나를 본 적이 없습니다
굴절에 굴절을 거듭했다는

다만 굴절을 망설였던 골목만큼은 분명하게 기억합니다
만화경 같았다는 설명으로는 턱없이 부족한
소리도 살지 않고
낡은 의자나 길고양이 한 마리도 보이지 않는
꽃송이만 무한반복으로 자기복제를 하던 골목이었는데,

나는 이 말을 경계해야 합니다

꽃송이를 슬픔이나 우울, 통증으로 바꿔보면
자기복제의 의미가 구체적으로 간파되기 때문입니다
특히 꽃을 죄로 바꿔보면 눈앞이 캄캄해집니다
생은 무엇도
자유로울 수 없다는 말이 하고 싶은 것입니다

어떤 골목은
들어가자마자 어둠에 질려 뛰쳐나왔지만
그 역시 한 번의 굴절로 명확하게 기록이 되었더라는
지긋지긋하게 나를 따라다니는
햇빛을 따돌릴 방법이 살아서는 없다는 말입니다

난감해서 쓰는 편지

 오늘은 어쩌다가 깨진 부리를 달고 왔느냐. 짝조차 맞지 않는 젓가락으로 생계를 어찌 꾸리려고. 권아, 이런 상황은 꿈이라도 난감하구나. 아스팔트가 딱딱한 서쪽에서 부리를 끄는 내가 가지 부러지는 동쪽 감나무의 일을 어떻게 참견할 수 있겠냐만 곪아 터진 위로 한 알도 너에게 건네지 못한 것이 미안하구나.
 언제나 박복한 풍경 뒤에서만 종종거렸던 까치 같기도 하고 까마귀 같기도 했던 너의 날개를 어떤 천사가 손질해주더냐. 초겨울 억새처럼 마디마디 꺾였던 날개가 기우뚱거리며 날아간 후로 눈길이 닿는 허공은 어디든 너의 울음이 박제된 공간이었다. 꿈이나 알이나 깨지는 것은 순간이라지. 생명이, 삶이, 죽음이 다 고분고분해서 날마다 귀가 자라고, 화장장 굴뚝이 둥치만 굵은 나무처럼 높이 올라가 골똘하구나.
 또 누군가 호명을 당했나 보다. 한 생 닫히는 소리가 철커덩! 나는 걸 보니. 나도 모르는 사이 놀라 꽁지깃을 추스르는 나는 까치이겠느냐, 까마귀이겠느냐. 그나저나 무슨 놈의 바람이 이리도 심란하게 가지를 흔드나 모르겠구나. 그러면 권아, 오늘은 이만 쓰고 바람 자는 날 다시 쓰마.

What can I do?

옆집 우크라이나 여자가 조국이라는 그랜드피아노를 비좁은 침실에 들인 것은 전쟁이 터진 날입니다

그날부터 여자는 밤마다 우크라이나로 향합니다 음악으로 위장한 폭탄을 싣고 건반을 달려,
기도를 들고 까만 음계를 밟아 올라갔다가 회색빛을 헤치고 내려오기도 합니다

이날도 희고 가느다란 여자의 손가락이 우크라이나 구석구석을 짚습니다 화약 냄새를 먹고 자란, 근심으로 일렁이는 밀밭에 멈추어 서서 떼 지어 날아오는 나비지뢰˚를 바라보지요
소년들이 나비 떼를 쫓고 있습니다 고향의 그림이 언제나 그런 것처럼요

잡으면 안 돼!
나비가 위험하다는 것을 어째서 소년들에게 가르쳐 주지 않았을까요 나비는 잡는 것이 아니라 날아가게 두는 거라고

죽음의 장난감을 만진 대가로 나비에게 손가락을

선물한 소년이 손목으로 우크라이나를 달립니다 건반으로 위장한 철도를

  둔탁하고 거칠고 숨찬 소리로 내달리던 기차가 마침내 폐허에 당도합니다 붉은 낙서처럼 어지러운 시체들 사이를 종종거리는 늙은 비둘기들
  반쯤 무너진 건물에서 한쪽 눈만 가진 사내가 나옵니다

  아버지, 눈 하나가 없어졌어요 정말로!
  소년은 아버지 눈 속에다 머리를 집어넣습니다 석탄 같은 어둠이 꽉 찬, 한 치도 보이지 않는 곳에다
  걱정 말아라 아버지는 잃어버린 눈에다 평화의 올리브 나무를 심을 거니까 나머지 눈 하나는 꼭 지켜야겠지?

  옆집 여자가 조국이라는 그랜드피아노의 뚜껑을 올립니다 그녀는 푹 잠긴 소리로 우크라이나를 부르고 나는 희미하게 입술을 달싹거립니다
  What can I do?

---

* 손바닥 크기의 지뢰로 그 외형이 나비를 닮았음.

검은 잠

알약 딱 하나에 검은 기류가 휘몰아쳤다
잠에 포박되어 컨테이너 속으로 무작정 끌려 들어갔던
나는 아무도 관심을 두지 않는 상자처럼 방치되었다

잠은 어디로부터 오는 것이며 정체는 무엇인가

포복을 좋아하는 게릴라거나
순간 이동이 가능한 마법사거나
투망을 전문으로 하는 어부거나
포승줄에 능수능란한 체포조거나
노련한 조련사거나
아니면 침대 머리맡에서 늙은 간수看守일 거다

잠의 수갑을 찼다가 벗기를 반복하는 사이
나는 어둠의 세계에서는
제법 관록이 붙은 전과자가 되어 있었다

부드러운 듯
카리스마 있는 손길을 보유한
잠이 노련한 조련사라면

강아지처럼 나를 길들이다가
어느 날 감쪽같이 표정을 바꿀 테지

그날은 내가 구금이 되어
꼼짝 못 하는 무덤 위로
검고 무거운 눈이 하염없이 쏟아져 내릴 거다

평생 헐떡거렸던, 숨이
한 숨도
무덤 밖으로 새 나오지 않도록

위험한 습관

당신의 감동이나 감탄은
날아가는 새처럼 흔하기까지 한 거여서
습관성이라는
결론을 미리 내는 것도 나쁘지 않겠습니다

아름답고 우아한 성채 어딘가에
조그만 흉터처럼 감추어져 있는 구멍으로
외눈박이 포(砲)가 당신을
노리고 있음에도 감탄부터 했으니까요

떠돌이 고양이를 당신 영혼에
입양할 때도 감동부터 했습니다
떠돌이는 데려오지도 못하고
얼룩무늬만 입양했으면서,

나팔꽃의 죽음에는 무심하면서
나팔소리에만 감동하는 것과 같겠습니다

번번이 탄성을 터트리는
황혼이나 바다도 당신에게는 불치의 병,

한 번이라도 사람에게 진심인 적이 없다면
당신이 하는 감동이거나 감탄은 모조리 가짭니다

주렁주렁 매달린 붉은 사과에 감탄하다가
문득 목덜미가 붉어졌다면
그나마 원죄를 이해한다고 하겠습니다만

창문과 풍경들

아파트 이웃 하나가
창문과
거기에 담겨 있던 풍경을 버리고 이사를 간다
창문 귀퉁이에 들러붙은 바다가
포크에 찍히지 않는다고 불만이더니,

그나마 이삿짐 트럭에
풍경을 싣지 않는 주인의 욕심은 소박한 편
대부분은 풍경을
통째로 뜯어내 고집스럽게 싣고 가기도 한다
피자 조각처럼 잘린 산이거나
먹던 사과처럼
저녁마다 버려지는 붉은 호수거나

마음에 쏙 드는
풍경 한 점을 사들이는 것을 두고
꿈의 보상 아니면
미래에 대한 투자라고 거창하게 말하지만
며칠 눈부시게 걸리고 나면
없는 듯이

있는 배경에 집착하는 거다

그런데도 트럭이 떠난 자리로
또 다른 이삿짐 차가 끄덕거리며 들어온다
버리고 떠난 바다는
두고두고
재활용품으로 가치가 있는 까닭이다

화자 언니

 고향에서 올라와 차장을 하던 화자 언니가 있었어요 승객을 신문지처럼 얼마든지 구겨 넣고 아슬아슬하게 문짝에 매달려 탕탕! 버스를 두들기던, 학생이세요? 물으면 왜? 교수처럼 보이니? 킥킥거리며 들이미는 시커먼 얼굴 때문에 얼굴이 빨개지던 화자 언니가, 그런데 언제부터인지 화자 언니가 탕탕! 두들기지 않아도 버스가 떠났어요 추억은 꼼짝 안 하고 시간만 미어터지라고 실은 버스는 달리기만 달렸지요 아무 곳에서나 승객을 내려주지도 않고 태워주지도 않고, 버스는 개뿔! 화자 언니가 있어야 버스지요 공짜 버스를 탔다가 딱히 내려야 할 정류장을 지나쳐서 지금까지도 내리지 못하고 있는 나는 버스에서 늙어서 백발이 성성하고 주름이 자글거려요 빨간 우체통에 편지도 넣어야 하는데, 마룻바닥에 엎드려 연필에 침 바르다가 군사편지요! 한마디에 맨드라미 붉은 마당을 맨발로 가로지를 텐데 운전기사 아저씨, 버스 좀 세워주면 안 되나요? 문짝 두들겨 줄 화자 언니가 없어서 정말로 죄송하긴 한데요

때

잔칫집에서 접시 깨지는 소리가 들렸다면
그것은 멍석 걷을 시간이 되었음을 의미한다
눈치 **빠른** 사람은 슬금슬금
얼룩이 묻은 앞자락을 털며 돌아가는데
아직도 접시를 끌어당기는 당신은 누구인가
기름내 나는 권력의 쪼가리를 주머니에
몰래 쑤셔 넣다가 들켜버린 과다한 허기
급하게 먹어 치운 권력에 체해
껙껙거리며 병원으로 실려 가는 응급한 이여
머잖아 잔칫집 마당에 드높던
차양의 장대를 걷어차는 자가 있을 터이니
도마뱀처럼 꼬리만 남기고 달아나는
축제의 노래는 한 소절도 따라 부르지는 마라
혀 또한 함부로 써서 헌것이리니
망둥이 시절 죽을 것처럼 기어올랐던
폭포를 잊어버리면, 권력은
마른 먼지 풀썩거리는 의자에 불과한 것이다

거미의 천년야화

어미는 밤마다 옛날이야기를 줄줄 뽑아냈어

주린 배를 채우려고 날마다 허공에 밥그릇을 올리던 어미의 어미 얘기였지 반들반들하게 닦아진 빈 접시 하나를 달처럼 모셔놓고 포크를 들고 하루 종일 기다렸대 오늘은 어떤 이야기가 밥이 될까 두근두근하면서

물론 빈 접시를 핥는 날도 있었다지 그런 날은 접시에서 비애의 냄새가 훅훅 났대 파리, 모기 따위의 자잘한 슬픔이 씹혔고 나방, 나비, 매미 따위의 화려한 욕망과 절규가 채집되기도 했대 마른 나뭇잎 냄새는 짙은 허기를 데려다주었고 왕사마귀가 접시를 깨고 가버린 날은 말할 수 없는 절망감에 시달렸다는 거야

하지만 어미의 어미는 역시 노련한 거미였대 날마다 연구한 가난으로 그물을 수리하면서 새끼들을 낳았다니까 입이 늘어난 만큼 근심도 늘었지만 '산 입에 거미줄 안 친다'는 말씀으로 새끼들을 길렀대 물론 그것으로는 절대 안 되는 것이 양육인지라 나중에는 새끼들도 눈치채지 못하게 어미의 살을 조금씩, 조금씩 먹였다는 거야

〈

이런 얘기를 어미로부터 천년쯤 듣던 어느 날이었지

가만히 보니 껍질만 남은 어미가 입술을 달싹거리는 거야 손만 대면 바스러질 것 같은 자세로 앉아서

비행기들

밤마다
어머니한테 날아가는 꿈을 꾸었으니 비행기가 비행기를 탄 셈이네요
더듬더듬 말을 이어나가던 옆자리 승객의 말처럼 나도 한 대의 비행기였습니다

기내를 돌아보니 비행기는 거대한 격납고였습니다
몇백 대의 비행기가 족히 넘는

나는 부러진 날개로 종종거리다 얼마 전에 생을 마감한 1949년산 낡은 비행기를 생각했습니다
날개가 수리되는 대로 한 번은 날아보리라,
삼십팔 년이나 별렀지만 그날그날 연료 채우기에 급급했다는

사람들은 비행기로 태어나서 비행기로 마친다는 거

누구는 초음속비행기여서 전 생애를 전투적으로 휘젓고 다니지만
어떤 비행기는 학교와 집

회사와 집 사이에서 붕붕거리다 끝나는 헬리콥터라는 거

　사람들이 말만 가지고
　누군가를 비행기 태우고 싶어 하는 마음을 조금은 알 것 같기도 했습니다

길고도 짧은 눈싸움

고양이와 눈싸움을 벌입니다

푸른 동굴 속으로 훅
빨려 들어가는 순간 나는 빗방울처럼 가벼워집니다
나선형 계단이 끝나면 미풍에
깃털이 기분 좋게 날리는 바다를 만날 것 같은
예감이 듭니다만,

고양이는 도도하고
물러설 줄을 모르고
냉정하고
웃음을 모르고

스스로를 신으로
착각하는 고양이는 오물을 상대에게 보이지 않습니다
묻고 또
파묻으며 흔적 없애기에 골몰하는

고양이하고의 눈싸움은 좀처럼 끝나지 않습니다
파란 눈은 침착하고

검은 눈은 초조하고
창밖으로
몇억 년의 시간이 훅훅 지나가는 기척이 느껴집니다

화들짝 커튼을 걷으니
고양이 떼가 캄캄하게 몰려와 있습니다
끝도 없이
까만!

숨이 턱 막혀서야 눈빛을 거두어들입니다
여기저기 허공에 흩어져 있는
혼자서는 감당 안 되게 날카로운
저저 유리 파편들을 어떻게 할 수가 없는 것입니다

사슴을 보다

한밤중 피로한 눈을 들어 창문을 보는데 사슴이 불쑥 머리를 들이미는 환상이 발생했습니다

혼자가 아닌 사슴은
서너 마리의 사자를 배경으로 거느리고 있었지요

그 사나운 목숨들을 끌고 인가까지 찾아온
사슴의 눈을 들여다보며 어쩌다가 헛소리를 했습니다
아버지 괜찮으세요?

나는 창턱에 목을 걸친 채
가쁜 숨을 몰아쉬고 있는 사슴의 관冠을 벗겨주었습니다
가지 두어 개가 처참하게 부러져 있는

사슴은 눈을 끔뻑이다가
가벼워진 머리를 믿지 못해 몇 번인가 털어봤습니다

듣지 못한 말이 있어 나중에라도 후회할까 봐 사슴에게 집중을 했지요

신중한 사슴은 눈빛으로 많은 말을 중얼거렸습니다
해석하기에 따라 사뭇 달라질 위험성이 있긴 했지만
받아 적으면 방금 전까지 쓰다가 덮어두었던 아버지를 완성할 수도 있겠다 싶었습니다

자판을 두드리려는 순간이었지요
더는 기다릴 수 없다는 듯이 몸을 일으키던 배경이 갈기를 휘날리더니,
겨울 들판처럼 창문이 휑했습니다

사자들은 어디로 떠났을까요 사슴은, 아니 아버지는

여나 닫으나 관棺이기도 한
창문은 어떠한 답도 채워 넣지 않은 빈칸으로 덩그랬습니다

폐허 전문가

참혹한 전쟁이 휩쓸고 간 현장에 나는 죽은 채 서 있었다
폭탄에 머리가 날아갔거나 눈알이 빠져 달아난 자가 있었고 평생 해야 할 숙제를 서두르다 죽은 듯 구부정하게 굳어 있는 자가 보였다

죽음이 완벽하게 평정한 도시였다

음습함이 심해의 수초처럼 일렁이는 거리를 둘러보다가 죽은 자들 가운데 몸을 일으키는 자가 보였다
나는 그것이 혼령인지 몸인지 판단할 사이도 없이 그의 겨드랑이에 손을 찔러 넣으려 했다

가볍게 손을 거부한 그는 내게 눈을 맞추며 희미하게 웃어 보였다 어딘가 기시감이 들기도 했던
그는 새로운 도시를 건설하려면 시체부터 치워야 한다고 했다
기가 막혀 나는 건물의 잔해와 널브러진 시신을 훑어보고는 도리질했다 더구나 나는 죽은 몸이었다
〈

얼마쯤 침묵을 공유하던 그가 찾아낸 것은 검게 타 버린 폐허 속에서 살아남은 한 그루 나무였다
숲의 미래는 한 그루의 나무로부터 시작이 된다는 설득력이 무럭무럭 웃자랐다

그는 악으로 더럽혀진 도시를 완전한 폐허로 만들고 싶어 신은 전쟁을 핑계로 때려 부수게 만든다고 했다
이전의 도시도 그렇듯 죽음 위에 세워진 거였고 그때도 그는 스스로를 일으킨 첫 인간이었다고 했다

무한 반복되는 역사 가운데 나는 번번이 파괴에 동참했던 폐허의 전문가였다는 것
나를 죽인 것은 매번 나였다는 것

그 말을 듣는 순간 굳었던 심장이 더운 피를 뿜어내기 시작했다 전쟁에 대한 새로운 기대로 나는 벌써부터 불꽃처럼 일렁거렸다

❀해 설

환상과 현실의 조화 또는 균형
― 한혜영의 시 세계

권 온(문학평론가)

1.

 한혜영은 시와 시조와 동시를 써 왔고, 다수의 시집, 시조집, 동시집을 발간했으며, 여러 번의 문학상 수상을 통해서 자신의 시와 문학이 갖고 있는 힘과 가능성을 인정받고 있다. 그녀의 세탁소는 "태평양"을 다릴 수 있을 만큼 거대한 스케일을 자랑한다(시집 『태평양을 다스리는 세탁소』). 또한 시인에게는 "뱀"을 잡을 수 있는 담력이 있다(시집 『뱀 잡는 여자』).
 시인이 이번에 펴내는 시집 『맨드라미 붉은 마당을 맨발로』는 그녀의 시가 걸어온 문학 여정 30년을 중간 결산하는 의미를 갖는다. 총 60편의 시들이 4부로 구성되어 발간된 이번 시집에서, 필자가 중점적으로 주목하려는 시들은 9편이다.

「기린이란 이름으로」, 「사바나 금강송」, 「불편한 진실」, 「짐승들」, 「우리교도들」, 「그림자 수행원」, 「거미의 천년야화」, 「사슴을 보다」, 「폐허 전문가」 등의 시들을 꼼꼼하게 읽는 독자라면, 한혜영 시 세계의 진면목을 넉넉하게 확인하게 될 것이다. 그녀는 '언어'와 '은유'에 공을 들이고, '식물'과 '동물'을 도입하여 '인간'을 이야기하며, '개인'과 '사회'의 역학力學을 천착한다. 또한 '부모'와 '자식'의 관계를 탐색하기도 하는 등 시인의 시 세계를 접하는 일은 인간학人間學을 탐구하는 소중한 기회가 될 수 있다.

2.

한혜영은 "시인의 말"에서 "가시덤불 숲에는/해독할 수 없는 것들이 많았다"라고 진술한다. 그녀의 이번 시집은 '해독할 수 없는 것들'을 향한 불멸의 시적 기록일 수 있다. 우리는 이제 '가시덤불 숲'이라는 고통의 잔해 속에서 끌어올린 희망의 메시지를 확인해야 한다. "늙은 사슴"이 되어서 "길을 잃"어도 좋고, 한 마리 "기린"이 되어서 "구름을 먹"어도 괜찮다. 시인의 제안처럼 "맨드라미 붉은 마당을 맨발로" 걸어도 좋을 것이다.

아주 오래전,

나는 동물원에 놀러 온 당신의 머리칼을 뜯은 적이 있습니다

심심하기도 했지만

펜스에 기대 사진을 찍고 있는 당신에게서 풍기던

알 수 없는 풀냄새에 끌린 것입니다

낮은 울타리 따위로

당신과 나의 경계를 짓고 싶어 했던

유난히 긴 목을 가진

나를 헤아리지 못한 동물원 측의 불찰도 있었지만요

아무도 몰랐어요 그들은 내가

사육사가 주는 사료 대신에 구름을 먹고 산다는 거

아카시아 숲은 까마득하게 멀었으니까요

나는 밤마다 아카시아나무를 우물거리는 꿈을 꾸었습니다

꽃과 이파리 속에 교묘하게 감추어 둔

가시를 먹는 일이란 묘한 통증과 함께 즐거움이 있었지요

〈

아카시아 숲은 언제나 멀고
혀가 닿을 수 있는 것은 구름밖에 없었습니다
나는 내 목뼈를
끄덕끄덕 밟아가며 천국까지 오를 작정을 했지요
포유류의 일곱 계단으로는
어림없다는 편견을 깨고 싶었습니다

때때로 나를 곤란하게 만드는
슬픔을 배출할 수 있는 긴 통로도 가지고 있었고요

이제야 희미하던 기억이 돌아오고 있습니다
당신에게서 맡은 것이 아카시아 향기였다는 거
당신의 머리칼에 찔린 입술도 한꺼번에 이해가 되는군요
키를 낮춘다고 낮췄으면서
아직도 가시를 버리지 못하고 있는 당신

다시 만난다면 영혼까지 깨끗하게 먹어드릴게요
기린이란 이름으로

— 「기린이란 이름으로」 전문

이 시를 주도하는 두 인물은 시적 화자 '나'와 "당신"이다. "나는 동물원에 놀러 온 당신의 머리칼을 뜯은 적이 있습니다"라는 1연 2행의 문장을 참조할 때, '당신'은 '관람객'일 수 있고, '나'는 "기린"일 수 있다. "유난히 긴 목을" 뻗어서 관람객의 머리칼을 뜯는 '나'는 평범한 '기린'이 아니다.

   특별한 '기린'으로서의 '나'는 "사료 대신에 구름을 먹고", "밤마다 아카시아나무를 우물거리는 꿈을 꾸었"다. 한혜영은 '구름'을 먹는 기린, '아카시아나무'의 "가시를 먹는" 기린을 제시함으로써, 이 시가 펼쳐지는 무대를 '현실'이 아닌 '환상'으로 전환한다. 기린이 아카시아나무의 가시를 먹으며 체감한 "묘한 통증과 함께" 찾아오는 "즐거움"은, 독자들에게 '고통'과 '기쁨'의 동시적 체험이라는 드문 기회를 제공한다. 우리는 시인의 시를 읽으며 "슬픔"을 머금은 "천국"을 상상할 수 있을 것이다. 또한 "기린이란 이름"은 새로운 세계로 나아갈 수 있는 귀한 입장권이 된다.

   아프리카 사바나에서 걸어 다니는 금강송을 보았소 기하학적 무늬를 가진, 긴 목을 꼿꼿하게 세우고 초원을 떠도는,
   나무에게도 디아스포라가 있다는 거요 그렇지 않고서야 금강송의 무리가 그 머나먼 초원에서 발견될 턱이 없지 않겠소

〈

　　나무가 나무를 먹는 장면은 보편적이면서도 꽤나 고통스러운 은유였소 아카시아나무 거친 가시를 삼키는 금강송의 목구멍으로 쓰디쓴 사유가 올라왔을 테요
　　어느 때는 달까지 먹어 치워 캄캄하게 저문 밤을 몇 년이나 헤매기도 했을 테요

　　아프리카에서 발견된 금강송이 그런 것처럼 이처럼 험난한 정글에 발목이 잡힌 나도 자고 나면 한 뼘씩 목이 길어졌소 덕분에 까마득하게 높아져서 슬픈 눈을 함부로 들키지 않아 다행이지만,
　　무기는커녕 장식용에 불과한 이마의 뿔 역시 마찬가지요

　　위기의 사파리에는 어김없이 사자가 어슬렁댔소 같은 방향으로 일제히 몰리는 기하학적 무늬는 끝을 모른다는 것이 정설이오
　　얼마나 멀리까지 비극의 지경을 넓히려는 것인지 겅중겅중 달아나는 무리에게서 풍기는 짙은 소금냄새를 맡으며 중얼거렸소
　　나는 금강송인가 기린인가, 하고
　　　　　　　　　　　　　　－「사바나 금강송」 전문

한혜영이 조성하는 시 세계는 일상의 범위를 훌쩍 뛰어넘기도 한다. "아프리카 사바나에서 걸어 다니는 금강송"이라는 이 시의 서두는 일반적인 인식의 한계를 파괴한다. '식물'로서의 '금강송'이 탁 트인 초원에서 스스로 움직인다는 설정은 매우 낯선 것이기 때문이다. 독자들은 이어지는 "기하학적 무늬를 가진, 긴 목을 꼿꼿하게 세우고 초원을 떠도는,/나무"라는 어구를 포함한 이 대목을 어떻게 이해하는 게 좋을까? '사바나'는 '초원'에 대응되고, '걸어 다니는'은 '긴 목을 세우고 떠도는'으로 치환되며, '금강송'은 '나무'에 해당한다. 시인은 '식물'을 특정한 모양의 '동물'로 간주하면서 거침없이 시화詩化하는 셈이다. 목이 긴 그 동물을 가리키면서 '기린'이라는 '이름'을 떠올려 보아도 좋을 테다.

흥미로운 부분은 시적 화자 '나'가 '금강송'처럼 "자고 나면 한 뼘씩 목이 길어졌소"라고 고백하는 대목이다. '나'가 목이 길어지는 대상이라면, '나'는 '금강송'이 아닌 '기린'에 가까울 것이다. 작품의 마무리에서 "나는 금강송인가 기린인가"라는 진술이 제시되는 이유도 여기에 있다. 시인은 이 시의 2연에서 "쓰디쓴 사유"와 "고통스러운 은유"를 이야기하는데, 그 배경에는 상상력의 극한을 지향하는 창작의 고통이 위치할 것이다.

누구를 만날 때는

드라이버를 챙기는 것이 좋아

헐거워진 대화는 조이고

지나치게 잠긴 대화는 슬그머니 *끄르고*

하지만 당혹스럽게도

드라이버가 무용지물일 때가 있지

내 혀는 일자인데

십자드라이버가 필요한 상대라든지

그럴 땐 임기응변이라는 것이 있기는 해

내 쪽에서 대화에 열쇠를 채우는 거지

아니면 지나치게 정중해진다든지

정중?

얼결에 말했지만 꽤 괜찮은 방법이네

맞지도 않는 드라이버로 상대를

열어보겠다고 끙끙거리느니, 난감한

상대를 자리에서 일어나게 만들 수도 있으니까

무겁고 딱딱한 정장 차림인

정중은 사실 대체적으로 불편한 진실이거든

― 「불편한 진실」 전문

'진실'은 불편을 야기할 수 있다. "불편한 진실"을 이야기하는 사람은 용기 있는 자이다. 이 시를 쓴 한혜영 역시 용기 있는 사람임에 틀림없다. 그녀는 탁월한 시인으로서 은유를 구사한다. 이 작품에 등장하는 "드라이버"는 한혜영이 선택한 날카로운 도구이다. 그녀에 의하면 "내 혀는 일자" 곧 '일자 드라이버'일 수 있다. 만약 우리의 '혀' 또는 '말'이 '일자 드라이버'인데, "십자드라이버가 필요한 상대"를 만나게 된다면 어떻게 해야 할까?

 시인은 독자들에게 "임기응변이라는 것"을 안내하기도 하지만, "드라이버가 무용지물일 때가 있"음을 솔직하게 알려준다. 한혜영은 '드라이버'가 서로 맞지 않은 상대를 만났을 때는 "꽤 괜찮은 방법"으로서 '정중'을 제안한다. "무겁고 딱딱한 정장 차림"으로서의 '정중'을 입음으로써 "난감한/상대를 자리에서 일어나게 만들 수도 있"음을 알려주는 그녀는 비유적 언어의 뛰어난 실천가임에 분명하다.

  인간보다 무서운 짐승은 세상에 없단다 어려서 엄마가 했던 말씀을 이제야 이해하네
  이빨이나 발톱 따위를 드러내지 않고도 상대를 지구 바깥으로 밀어낼 수도 있고
  포로로 만든 영혼을 개처럼 끌고 다니는 것이 인간이라는 거
   〈

인간은 은유를 써서 특히 무서운 짐승이지
　　언어만 갖고도 천만번의 살인이 가능한 맹독과 절벽과 지옥을 생산하니까
　　제 새끼를 죽이고도 알리바이를 생각하는 짐승이 머리 쓰는 짐승 말고 또 있을까
　　이런 악마까지도 뒤집어쓴 것이 인간의 껍데기라는 거지

　　짐승은 딱 두 부류로 구분이 돼
　　신발을 신는 짐승과 신발 자체를 아예 모르는 짐승으로
　　둘 다 맨발이었던 시대엔 없었던 차별화가 신발 이후 확실해졌다는 거지
　　그렇게 짐승들은 부류별로 찢어져서 각자의 길을 갔던 거야
　　신발을 신지 않은 짐승들은 밀림으로 가서 새끼들을 만들었고
　　신발을 신은 짐승들은 사막으로 가서 범죄의 도시를 만들었다는 거지
　　　　　　　　　　　　　　　　　　　　－「짐승들」 전문

　한혜영에 따르면 "짐승은 딱 두 부류로 구분이" 된다. 그녀는 "신발을 신는 짐승과 신발 자체를 아예 모르는 짐승"으로 '짐승'을 나눈다. 시인이 주목하는 "인간"은 "머

리 쓰는 짐승"이자 "무서운 짐승"으로서 '신발을 신는 짐승'이다.

한혜영은 인간의 뾰족한 특성으로서 "언어"와 "은유"를 제시한다. 그녀는 이야기한다. "맨발"이 "신발"로 바뀌는 순간, 짐승들 내에서 "차별화가" 이루어지는 순간, '인간'은 '언어'와 '은유'를 사용하기 시작한 것이다. 시인은 "제 새끼를 죽이고도 알리바이를 생각하는 짐승"은 "악마"일 수 있고 "인간"일 수 있음을 경고한다. 요컨대 이 시는 "신발을 신은 짐승들"이 만든 "범죄의 도시"에서 살아가고 있는, 현대인을 향한 묵시록默示錄이 된다.

    우리에게 '우리'는

    출생부터 탯줄처럼 달려 나온 일인칭 대명사다

    우리 아내와 우리 남편

    마저도 공유하는

    우리를 우리도 이해할 수 없지만

    이유를 구태여 찾으려 하지도 않는다

    우리에게 우리는 모태신앙이며

    더불어 한가운데 우뚝 솟은 말뚝이다

    같은 방향으로 놓인 철로이기도 하고

    끌고 끌리는 화물칸이기도 하다

    때때로 흥분하면

함께 날아오르는 비행기가 되고
　　공동의 화력을 가진 엄청난 미사일이기도 하다
　　하나하나가 알곡이기도 한
　　우리는 한 사발의 따뜻한 밥이 되기도 하고
　　고추장과 참기름만 넣으면
　　둘러앉아 먹을 수 있는 비빔밥이 되기도 해서
　　무리 짓기를 거부하는 고독한
　　늑대와 여우에게 끈질기게 숟가락을 내밀기도 한다
　　　　　　　　　　　　　　 -「우리교도들」 전문

　한혜영은 타고난 시인이다. 그녀는 '말' 또는 '언어'의 디테일에 매우 민감한 촉수를 뻗는다. 이 시에 등장하는 "우리"라는 단어 역시 그러하다. 그녀에 의하면 "우리에게 '우리'는/출생부터 탯줄처럼 달려 나온 일인칭 대명사다" 시인은 독자들에게 한국인처럼 '우리'를 폭넓게 활용하는 사람들이 없음을 안내한다. 한국인들이 즐겨 쓰는 "우리 아내와 우리 남편"이라는 표현을 외국인들은 이해하기 힘들 것이기 때문이다.

　한혜영은 '우리'를 남용하는 사람들에게 "우리는 모태 신앙"이라고 언급한다. '우리'를 너무나 맹신하는 사람들은 마침내 "우리교도들"을 구성하게 되고, '우리교'를 믿지 않는 사람들을 대상으로 포교 활동을 시작한다. "무리 짓기를 거부하는 고독한/늑대와 여우에게 끈질기게 숟가락을 내밀기도 한다"라는 문장은 한국 사회의 문제점을 날카롭게 꼬집는다. '무리'로서의 '집단'이 '고독'을 즐기는 '개인'을 끊임없이 포섭하려는 구조는 때로는 폭력으로서 다가올 수도 있기 때문이다.

>오랫동안 그늘 봉사를 해오던
>느티나무가 강풍을 견디지 못하고 쓰러졌다
>낱낱이 분해되고 해체된
>그의 시간이 몇 대나 되는
>트럭에 실려 떠나고 있었는데,
>마지막 차에 훌쩍 올라타는
>느티나무의 그림자를 얼핏 보았다
>그림자를 데리고 산다는 것은
>실로 대단한 일이다
>마지막까지 철저하게
>밀착수행을 한 내 편이 있다는 거다
>볼꼴 못 볼꼴을 다 보면서도
>묵묵하게 곁을 지키다가
>내가 쓰러지면 같이 쓰러지고
>하늘나라까지 동행을 해준다니
>외롭다는 말은 이제 꿀꺽 삼켜야겠다

– 「그림자 수행원」 전문

　우리는 이 시를 읽으며, 좋은 시는 뛰어난 관찰력의 소산일 수 있음을 깨닫는다. "강풍을 견디지 못하고 쓰러"진 "느티나무"가 "몇 대나 되는/트럭에 실"리는 장면은 현대인에게 익숙한 풍경일 수 있다. 놀라운 점은 시인이 "마지막 차에 훌쩍 올라타는/느티나무의 그림자를 얼핏 보았다"라는 사실이다.

　보통 사람들은 '느티나무'에 시선이 머무르지만, 한혜영은 '느티나무의 그림자'에 눈길을 주고 있다. 그녀는 여기에서 "그림자를 데리고 산다는 것"을 포착한다. 그것은 '그림자와의 삶'이고 '그림자'와의 "동행"이다. 모든 존재에게는 '그림자'가 따라붙기 마련이므로, 누구에게나 "마지막까지 철저하게/밀착수행을 한 내 편이 있다는" 시인의 발언은 사실일 수 있다. 우리에게는 언제나 '그림자'가 있으므로, 그녀의 언급처럼 "외롭다는 말은 이제 꿀꺽 삼켜야" 할지도 모른다. '그림자'의 새로운 면모를 포착한 한혜영 시인은 "실로 대단한 일"을 성취한 셈이다.

　　어미는 밤마다 옛날이야기를 줄줄 뽑아냈어

　　주린 배를 채우려고 날마다 허공에 밥그릇을 올리던 어

미의 어미 얘기였지 반들반들하게 닦아진 빈 접시 하나를 달처럼 모셔놓고 포크를 들고 하루 종일 기다렸대 오늘은 어떤 이야기가 밥이 될까 두근두근하면서

　물론 빈 접시를 핥는 날도 있었다지 그런 날은 접시에서 비애의 냄새가 훅훅 났대 파리, 모기 따위의 자잘한 슬픔이 씹혔고 나방, 나비, 매미 따위의 화려한 욕망과 절규가 채집되기도 했대 마른 나뭇잎 냄새는 짙은 허기를 데려다주었고 왕사마귀가 접시를 깨고 가버린 날은 말할 수 없는 절망감에 시달렸다는 거야

　하지만 어미의 어미는 역시 노련한 거미였대 날마다 연구한 가난으로 그물을 수리하면서 새끼들을 낳았다니까 입이 늘어난 만큼 근심도 늘었지만 '산 입에 거미줄 안 친다'는 말씀으로 새끼들을 길렀대 물론 그것으로는 절대 안 되는 것이 양육인지라 나중에는 새끼들도 눈치채지 못하게 어미의 살을 조금씩, 조금씩 먹였다는 거야

　이런 얘기를 어미로부터 천년쯤 듣던 어느 날이었지

　가만히 보니 껍질만 남은 어미가 입술을 달싹거리는 거야 손만 대면 바스러질 것 같은 자세로 앉아서
　　　　　　　　　　　　　－「거미의 천년야화」 전문

우리에게는 '천일야화千一夜話' 또는 '아라비안나이트Arabian Nights'라는 단어가 낯설지 않다. 이 유명한 이야기 또는 설화는 때로는 소설의 형식으로, 때로는 만화의 형식으로, 때로는 영화나 드라마, 노래나 음악의 형식 등으로 다양하게 변주되면서 우리를 찾아왔기 때문이다.

한혜영은 자신만의 '천일야화'를 독자들에게 제안하는데, 그녀의 '천일야화'는 "거미의 천년야화"라는 제목을 달고 등장한다. 시인은 '천일'을 '천년'으로 변경함으로써 시의 스케일을 더욱 확장한다. 그녀가 여기에서 '거미'를 거론한 이유는 "어미" 또는 "엄마"를 이야기하고 싶었기 때문이다.

시인이 제공하는 '어미', "어미의 어미", "어미의 살", "껍질만 남은 어미" 등 일군의 어휘는 "밥그릇", "빈 접시", "포크", "밥", "허기", "새끼들" 등의 어휘와 연결되면서 독자들에게 영원히 끝나지 않을 천년의 이야기를 제공한다. 그것은 '엄마의 삶'이자 '희생'이며, '모성'이자 '인생'이 된다.

> 한밤중 피로한 눈을 들어 창문을 보는데 사슴이 불쑥
> 머리를 들이미는 환상이 발생했습니다
>
> 혼자가 아닌 사슴은

서너 마리의 사자를 배경으로 거느리고 있었지요

그 사나운 목숨들을 끌고 인가까지 찾아온
사슴의 눈을 들여다보며 어쩌다가 헛소리를 했습니다
아버지 괜찮으세요?

나는 창턱에 목을 걸친 채
가쁜 숨을 몰아쉬고 있는 사슴의 관을 벗겨주었습니다
가지 두어 개가 처참하게 부러져 있는

사슴은 눈을 씀뻑이다가
가벼워진 머리를 믿지 못해 몇 번인가 털어봤습니다

듣지 못한 말이 있어 나중에라도 후회할까 봐 사슴에게
집중을 했지요
신중한 사슴은 눈빛으로 많은 말을 중얼거렸습니다
해석하기에 따라 사뭇 달라질 위험성이 있긴 했지만
받아 적으면 방금 전까지 쓰다가 덮어두었던 아버지를
완성할 수도 있겠다 싶었습니다

자판을 두드리려는 순간이었지요
더는 기다릴 수 없다는 듯이 몸을 일으키던 배경이 갈기

를 휘날리더니,

   겨울 들판처럼 창문이 휑했습니다

   사자들은 어디로 떠났을까요 사슴은, 아니 아버지는

   여나 닫으나 관棺이기도 한
   창문은 어떠한 답도 채워 넣지 않은 빈칸으로 덩그랬습
니다

                        - 「사슴을 보다」 전문

 한혜영의 이번 시집에 수록된 다수의 빛나는 시들 중에서도 돋보이는 시가 여기에 있다. 이 시는 '현실'과 '환상'의 소통이고, '생生'과 '사死'의 대화이며, '과거'와 '미래'의 악수이기 때문이다.
 시적 화자 '나'에게 발생한, "서너 마리의 사자를 배경으로 거느리고 있"는 "사슴이 불쑥 머리를 들이미는 환상"은 대단히 놀랍고 신선하며 구체적이다. 특히 '나'가 "사슴의 눈을 들여다보며" 내뱉은 "헛소리"인 "아버지 괜찮으세요?"는 많은 독자들에게 깊은 감동으로서 다가설 수 있는 대목이다. 또한 "가지 두어 개가 처참하게 부러져 있는", "가쁜 숨을 몰아쉬고 있는 사슴의 관棺을 벗겨주"는 '나'의 모습에는 '아버지'를 향한 자식의 사랑이 내재

한다.

돌아가신 아버지에게서 "듣지 못한 말이 있"는 '나'는 '환상'의 방식으로 다가온 특별한 순간을 놓치면 "나중에라도 후회할까 봐 사슴에게 집중을 했"고, "신중한 사슴은 눈빛으로 많은 말을 중얼거렸"다. 그러나 '사슴'의 '눈빛'을 "받아 적으면", "아버지를 완성할 수도 있"을 것이라는 '나'의 기대감은 "자판을 두드리려는 순간"에 사라지고 만다. 8연의 "사자들은 어디로 떠났을까요 사슴은, 아니 아버지는"이라는 표현에는 아버지와의 대화, 소통이 단절된 상황에 대한 '나'의 진한 아쉬움이 담겨 있다.

'아버지'와 '나'의 관계는, '부모'와 '자식' 사이는 서로에게 '과거'가 되어주고, 서로에게 '미래'가 되어준다. 그들은 '삶'과 '죽음'을 함께 나누는 '피'로 연결된 사람들이다. 한혜영은 이 시에서 '관'을 이중적으로 활용한다. 하나는 '관棺'이고, 다른 하나는 '관觀'이다. 이와 같은 섬세한 언어 구사는 '삶'과 '시'가 다른 영역이 아님을 보여준다. 그러므로 우리는 이 시의 제목 "사슴을 보다"를 '삶을 살다'로 바꾸어서 이해해도 좋을 것이다.

참혹한 전쟁이 휩쓸고 간 현장에 나는 죽은 채 서 있었다
폭탄에 머리가 날아갔거나 눈알이 빠져 달아난 자가 있

었고 평생 해야 할 숙제를 서두르다 죽은 듯 구부정하게 굳어 있는 자가 보였다

죽음이 완벽하게 평정한 도시였다

음습함이 심해의 수초처럼 일렁이는 거리를 둘러보다가 죽은 자들 가운데 몸을 일으키는 자가 보였다
나는 그것이 혼령인지 몸인지 판단할 사이도 없이 그의 겨드랑이에 손을 찔러 넣으려 했다

가볍게 손을 거부한 그는 내게 눈을 맞추며 희미하게 웃어 보였다 어딘가 기시감이 들기도 했던
그는 새로운 도시를 건설하려면 시체부터 치워야 한다고 했다
기가 막혀 나는 건물의 잔해와 널브러진 시신을 훑어보고는 도리질했다 더구나 나는 죽은 몸이었다

얼마쯤 침묵을 공유하던 그가 찾아낸 것은 검게 타버린 폐허 속에서 살아남은 한 그루 나무였다
숲의 미래는 한 그루의 나무로부터 시작이 된다는 설득력이 무럭무럭 웃자랐다
〈

그는 악으로 더럽혀진 도시를 완전한 폐허로 만들고 싶어 신은 전쟁을 핑계로 때려 부수게 만든다고 했다
  이전의 도시도 그렇듯 죽음 위에 세워진 거였고 그때도 그는 스스로를 일으킨 첫 인간이었다고 했다

  무한 반복되는 역사 가운데 나는 번번이 파괴에 동참했던 폐허의 전문가였다는 것
  나를 죽인 것은 매번 나였다는 것

  그 말을 듣는 순간 굳었던 심장이 더운 피를 뿜어내기 시작했다 전쟁에 대한 새로운 기대로 나는 벌써부터 불꽃처럼 일렁거렸다
― 「폐허 전문가」 전문

 2024년과 2025년의 경계를 서성이고 있는 지금, 이 시를 읽는 독자들은 많은 상념에 잠기게 될 테다. 여기에는 "전쟁", "죽음", "죽은 자들", "시체", "시신", "죽은 몸", "혼령" 등이 넘쳐난다. 누군가가 살아가는 "도시"는 "폐허"로 변해버렸고, 누군가는 "악으로 더럽혀진 도시"를 목도하고 있기 때문이다.
 우리는 '우크라이나와 러시아'를 떠올리거나 '이스라엘과 하마스'를 생각하기도 한다. 이와 같이 현대 사회에는

또 그 이전에도 수많은 전쟁과 죽음이 지속적으로 발생하거나 적어도 그 가능성이 잠재되어 있다. 한혜영은 이를 "무한 반복되는 역사"로서 이해한다. "나는 번번이 파괴에 동참했던 폐허의 전문가였다는 것"이라는 그녀의 진단은 외면하고 싶었던 현실을 날카롭게 가리킨다. 독자들로서는 전쟁의 참상을 확인하면서 "나를 죽인 것은 매번 나였다는 것"이라는 시인의 언급에 공감할 수 있다. 그리고 우리는 이 지점에서 조금 더 나아가서, 어쩌면 나를 살리는 것도 매번 나일 수 있으리라는 희망을 꿈꾸게 된다.

3.

한혜영의 시집 『맨드라미 붉은 마당을 맨발로』를 읽어 보았다. 뛰어난 관찰력, 유창한 은유와 비유의 구사, 낯설고 신선한 상상력, 정확한 언어 사용 등은 그녀의 시 세계를 높은 수준으로 이끌어주는 원동력이었다.

시인은 우리가 살아가는 현대 사회의 문제점을 외면하지 않고 직시하면서, 이를 '환상'이라 부를 수 있는 특별한 방식으로 구조화한다. 특히 「사슴을 보다」와 같은 시에서 구현된 어떤 환상의 대목은 개연성이나 보편성의 기준을 충족함으로써, 독자들에게 대단히 매력적인 감동과

여운을 제공할 것이다.

아이리스 머독Iris Murdoch은 '환상'과 관련하여 다음과 같이 언급하였다. "우리는 환상의 세계, 환상의 세계에 살고 있다. 인생의 위대한 과제는 현실을 찾는 것이다(We live in a fantasy world, a world of illusion. The great task in life is to find reality.)." 아이리스 머독의 진술에 담긴 어떤 지향성은 '환상'과 '현실'의 조화에 위치할 수 있다. 인간의 삶은 '현실'에 기초한 것이지만, 동시에 인간의 삶은 '환상' 속에서 이루어진다. 그리고 이와 같은 쉽지 않은 '환상'과 '현실'의 균형을 한혜영의 좋은 시는 감당하고 있다. 앞으로도 그녀의 좋은 시를 지속적으로 읽을 수 있도록, 시인의 시와 삶이 내내 건강하기를 바라는 마음이 크다.

상상인 기획시선 7

맨드라미 붉은 마당을 맨발로

지은이 한혜영
초판인쇄 2024년 11월 23일 **초판발행** 2024년 11월 30일
펴낸곳 도서출판 상상인 **편집주간** 황정산 **펴낸이** 진혜진
표지디자인 최혜원 **기획·마케팅** 전은빈 최유림 노혜림 정현수
책임교정 종이시계 **편집** 세종PNP
등록번호 제572-96-00959호 **등록일자** 2019년 6월 25일
주소 06621 서울시 서초구 서초대로74길 29, 904호
전화번호 02-747-1367, 010-7371-1871
팩스 02-747-1877 **전자우편** ssaangin@hanmail.net

ISBN 979-11-93093-78-8 (03810)

값 12,000원

* 이 책은 전부 또는 일부 내용을 재사용하려면 반드시 저작권자와 도서출판 상상인의 동의를 받아야 합니다.
* 이 도서의 국립중앙도서관 출판시도서목록(CIP)은 서지정보유통지원시스템 홈페이지(http://seoji.nl.go.kr)와 국가자료공동목록시스템(http://www.nl.go.kr/kolisnet)에서 이용하실 수 있습니다.